法律与生活

（高中版）

罗丞　陈光明/主编

法律的基本意图是让公民尽可能的幸福。——柏拉图
探析典型案例，普及法律知识，弘扬法治精神，开创幸福生活！

"法治建设，教育先行"。
在中小学开设法治课程，强化法治教育，是提高青少年法治素养，促进中小学生健康成长的需要；也是贯彻落实依法治国方略，建设社会主义法治国家的需要。

光明日报出版社

图书在版编目（CIP）数据

法律与生活 / 罗丞，陈光明主编. -- 北京：光明日报出版社，2017.5
ISBN 978-7-5194-2947-8

Ⅰ.①法… Ⅱ.①罗…②陈… Ⅲ.①法律课—中学—教材 Ⅳ.①G634.261

中国版本图书馆 CIP 数据核字（2017）第 126885 号

法律与生活

主　　编：罗　丞　陈光明	
责任编辑：史　宁	责任校对：赵鸣鸣
封面设计：中联学林	责任印制：曹　净

出版发行：光明日报出版社
地　　址：北京市东城区珠市口东大街5号，100062
电　　话：010-67078251（咨询），67078870（发行），67019571（邮购）
传　　真：010-67078227，67078255
网　　址：http://book.gmw.cn
E - mail：gmcbs@gmw.cn　shining@gmw.cn
法律顾问：北京德恒律师事务所龚柳方律师
印　　刷：三河市华东印刷有限公司
装　　订：三河市华东印刷有限公司
本书如有破损、缺页、装订错误，请与本社联系调换

开　　本：710×1000　1/16	
字　　数：200千字	印　张：14
版　　次：2017年8月第1版	印　次：2017年8月第1次印刷
书　　号：ISBN 978-7-5194-2947-8	
定　　价：42.00元	

版权所有　　翻印必究

重庆市第十八中学校本教材
法律与生活

主　　编：罗　丞　陈光明
副 主 编：李　勇　廖成有
编写人员：罗　丞　李　勇　廖成有　陈光明
　　　　　舒雪莲　陈　娜　李俐君　李成念
　　　　　邱仁伟
漫画作者：李　可

编者的话

依法治国是党领导人民治理国家的基本方略。党的十八大把"全民守法"作为建设法治中国的重要内容，青少年守法是全民守法的重要组成部分。但是长期以来，我国青少年守法意识相对不高，犯罪率居高不下，严重阻碍了全民守法的推进。青少年是国家的未来和民族的希望，建设法治国家，提高青少年的法治素养，必须加强法治教育。

党的十八届四中全会特别指出："把法治教育纳入国民教育体系，从青少年抓起，在中小学设立法治知识课程"。目前，我国中小学法治教育还存在诸多问题：法治教育在中小学教育体系中的学科地位不独立，没有独立的课程标准，缺乏配套教材，教学效果不理想……因此，中小学法治教育还有待进一步发展和完善，其课程建设需要进一步加强。

法治教育是我校深耕多年的特色教育项目之一，也是我校课程建设和教育教学的一大亮点。为进一步贯彻落实教育部《中小学法治教育指导纲要》的要求，深化我校教育改革，优化学校管理，构建平安和谐校园，我校自2010年起开设了法治教育精品选修课程，法治教育成绩显著，课程建设成果突出，先后编著了《法律与生活》（初中版）和《法律与生活》（高中版）校本教程。2016年，该课程被评为重庆市"精品选修课程"。

我校开设的法治教育精品选修课程是一门以"生活"为基础，以"案例"为支撑，以"活动"为载体，以"实践"为目的，旨在提高中学生法治素养和实践能力的综合课程。学习《法律与生活》，有助于青少年正确认识自我，并依法合理处理实际生活中可能遇到的各种法律关系，如家庭生活中的父母与子女、学校生活中的老师与学生、社会生活中老板与员工之间的法律关系；有助于培养青少年的爱国意识、公民意识、守法意识、权利义务意识、自我保护意识，养成尊重宪法、维护法律的习惯；有助于提高青少年明辨是非的能力，引导青少年做学法知法、守法用法的合格公民。

"法治建设，教育先行"。在中小学开设法治课程，强化法治教育，是提高青少年法治素养，促进中小学生健康成长的需要；也是贯彻落实依法治国方略，建设社会主义法治国家的需要。

编委会

2017年3月18日

目 录
CONTENTS

第一编　家庭生活中的法律 ……………………………………… 1

第一讲　血浓于水——父母与子女的法律关系(亲权与责任) ……… 3

　1.1　生命的起点,永远的港湾——未成年人的监护与抚养 ……… 3

　1.2　养不教,父之过——受教育权与家庭教育方法 ……………… 7

　1.3　滴水之恩,当涌泉相报——子女对父母有赡养的义务 …… 11

第二讲　精神和行为的自由空间——人格权 ………………………… 15

　2.1　身体发肤,受之父母——生命权、健康权、身体权 ………… 15

　2.2　我的姓氏谁做主?——姓名权 ………………………………… 19

　2.3　让自由和安宁永驻心田——隐私权 …………………………… 22

第三讲　有恒产者有恒心——财产权 ………………………………… 25

　3.1　幸福生活的基石——保护公民合法财产 …………………… 25

　3.2　我的财产谁做主?——未成年人的财产处分权 ……………… 29

　3.3　谁动了我的奶酪?——未成年人的财产保护 ………………… 33

第四讲　爱情与亲情的呵护者——家庭婚姻法 ……………………… 36

　4.1　我的婚姻谁做主?——婚姻自由 ……………………………… 36

　4.2　年龄不是问题?——婚姻效力 ………………………………… 39

　4.3　婚前买房,相互"提防"——财产的归属与分割 …………… 43

第五讲　让逝者安息,遗产继承起风波——继承权 ………………… 47

1

　　　　5.1　"与生俱来"的权利——法定继承人(非婚生子女的权利) …………… 47
　　　　5.2　被"剥夺"的权利——遗嘱指定的继承人 ……………………………… 51
　　　　5.3　亲如儿女的保姆——遗赠扶养协议指定的继承人 …………………… 54
　　　活动设计一：幸福家庭　与法同行 ……………………………………………… 58

第二编　学校生活中的法律 …………………………………………………………… 61
　第一讲　我要读书——学生入学与受教育权 …………………………………… 63
　　　　1.1　"舍近求远"——就近入学与最近入学 ………………………………… 63
　　　　1.2　同样的高考，不一样的录取率——异地高考与高考移民 …………… 67
　　　　1.3　永远收不到的通知书——冒名上学，侵犯公民受教育权 …………… 71
　第二讲　老师请你尊重我——青少年的人格权 ………………………………… 74
　　　　2.1　黄荆棍下出好人——教育方式与方法 ………………………………… 74
　　　　2.2　难以接受的"公示"——人格与隐私 …………………………………… 78
　　　　2.3　"榜上"有名——惩戒、教育与保护 …………………………………… 81
　第三讲　珍惜青春——校园健康 ………………………………………………… 85
　　　　3.1　害人的"兄弟"——健康交友 …………………………………………… 85
　　　　3.2　早逝的生命——心理健康 ……………………………………………… 89
　　　　3.3　不能偷食的"禁果"——异性健康交往 ………………………………… 92
　第四讲　避风的港湾——青少年的生命安全权 ………………………………… 95
　　　　4.1　食品中毒——食品安全 ………………………………………………… 95
　　　　4.2　踩踏伤亡——校园公共安全 …………………………………………… 99
　　　　4.3　体育课猝死——教学安全 ……………………………………………… 102
　　　活动设计二：平安校园　依法治校 ……………………………………………… 105

第三编　社会生活中的法律 …………………………………………………………… 109
　第一讲　用我们的双手创造美好的明天——劳动权 …………………………… 111
　　　　1.1　如此"讨薪"——维权途径 ……………………………………………… 111
　　　　1.2　"猝死"的博士——休息休假的权利 …………………………………… 115

1.3　劳动者意外致残——工伤的认定与保障 …………………… 119

第二讲　放心消费，享受"上帝"的权利——消费者权益保护 ……… 123
　2.1　高昂的代价——都是"质量"惹的祸 ……………………… 123
　2.2　早产的牛奶——延后生产日期 ……………………………… 128
　2.3　"要命"的快递——谁来赔偿消费者的损失 ……………… 131

第三讲　遵守交通规则，安全出行——道路交通安全法 …………… 135
　3.1　酒驾的代价——"名嘴"醉驾案 …………………………… 135
　3.2　法不责众——"中国式过马路" …………………………… 138
　3.3　被刑拘的"受害者"——行人也要守交规 ………………… 142

第四讲　自律自警——健康上网 ………………………………………… 145
　4.1　"熊猫烧香"——天才少年的高级病毒 …………………… 145
　4.2　青年才俊的网吧生活——网络游戏惹的祸 ……………… 149
　4.3　谣言的"威力"——上网守则 ……………………………… 152

　　活动设计三：和谐社会　法治建设 ……………………………… 156

第四编　预防犯罪及司法保护 …………………………………… 159

第一讲　防微杜渐——预防不良行为 ………………………………… 161
　1.1　无声的消失——出走的代价 ……………………………… 161
　1.2　拿钱消灾——同学间的保护费 …………………………… 165
　1.3　霓虹灯下的罪恶——娱乐场所的危险 …………………… 168

第二讲　勿以恶小而为之——治安管理处罚法 ……………………… 172
　2.1　地铁全武行——有理不在力气大 ………………………… 172
　2.2　寻开心，报假警，受处罚——法律不是"儿戏" ………… 176
　2.3　被暴打的女司机——"斗气"的代价 …………………… 179

第三讲　法网恢恢，疏而不漏——远离刑事犯罪 …………………… 183
　3.1　暴力犯罪——莫逞一时之勇 ……………………………… 183
　3.2　抢劫、盗窃——莫贪不义之财 …………………………… 187
　3.3　"瘾君子"的悲剧——莫图一时之欢 …………………… 191

第四讲　风雨中的成长——正当防卫与青少年司法保护 …………… 195
　4.1　"防卫"的代价——正当防卫的条件 ……………………………… 195
　4.2　不一样的保护——刑事责任、公安调查、
　　　　法院审理的特殊保护 ……………………………………………… 199
　4.3　高墙内的成长——少年收容教养 ……………………………… 203
　活动设计四：同撑一把伞　共享一片天 ……………………………… 207

后　记 …………………………………………………………………… 210

第一编 01
家庭生活中的法律

第一讲

血浓于水——父母与子女的法律关系（亲权与责任）

1.1 生命的起点，永远的港湾——未成年人的监护与抚养

【典型案例】

抚养权与监护权争议案

张某（男）与王某（女）原是一对恩爱夫妻，育有一女，取名张丽（化名）。张丽8岁那年，张某与王某因感情破裂协议离婚。离婚后，女儿张丽由张某抚养，但张某常年在外打工，只能将张丽留给他母亲张奶奶看护。张奶奶年事已高，照顾小孩十分吃力，加之沟通困难，五年时间相处下来，祖孙二人矛盾渐深。张丽十分希望能够和母亲住在一起。于是，王某到法院起诉，请求变更张丽的监护人，而张某则需每年支

付抚养费 10000 元。

　　法院接案后认为，张丽虽然是未成年人，但是她已满 12 周岁，具有自主判断能力，知道什么是适合自己的生活，并且，她有权在父母之间进行选择，自主决定究竟应该跟哪一方共同生活。从保护未成年人、促进未成年人健康成长的角度，法院决定尊重张丽的自主选择。但是，王某的诉讼请求是变更监护人，不适用于本案，应改为变更抚养人。在法官的建议下，王某变更了诉讼请求。最终，法院依法判决，张丽的抚养权归母亲王某所有，王某负责照料张丽的日常生活，父亲张某每年支付抚养费 10000 元。

【合作探究】

1. 什么是监护权？什么是抚养权？你的监护人和抚养人分别是谁？
2. 结合本案和实际生活，以监护权、抚养权为话题，组织辩论会。

正方观点：监护权、抚养权是权利，可以放弃。

反方观点：监护权、抚养权是义务，不能放弃。

【律师、法官点评】

　　本案属于父母双方在离婚之后争夺子女抚养权的案件。原本这只是一个普通案件，但是由于原告王某误将抚养权当成监护权，提出了错误的诉讼请求，因此法官行使释明权，建议当事人变更诉讼请求。

　　抚养权，是指父母（包括继父母、养父母）对其子女的一项人身权利，拥有该权利的一方或双方，在子女成年之前，有权决定是否与子女共同生活，该权利在子女成年时即消灭。

　　监护权是监护人对无民事行为能力人和限制民事行为能力人（如未成年人和精神病人）的人身权益、财产权益所享有的监督、保护的身份权。

　　《民法通则》第十六条规定："未成年人的父母是未成年人的监护人。未成年人的父母已经死亡或者没有监护能力的，由下列人员中有监护能力的人担任监护人：（一）祖父母、外祖父母；（二）兄、姐；（三）关系密切的其他亲属、朋友愿意承担监护责任，经未成年人的父、母的所在单位或者未成年人住所地的居民委员会、村民委员会同意的。"可见，影响未成年人的父母行使监护权的因素只能是死亡或没有监护能力两种情况，离婚并不影响夫妻双方对未成年子女的监护权。但是，离婚之后，与未成年子女共同生活的父或母一方成为孩子的实际抚养人，享有对未成年子女的抚养权。

离婚案件中，对子女抚养权的归属，从保障未成年子女的利益出发，法官往往会根据子女的年龄、性别、意愿，以及父母的经济能力、保护教养子女的意愿等种种因素进行裁决。抚养权归属一方后，那一方就应该对未成年子女负起教养的责任，如果行使抚养权的一方没有尽到保护和教养的义务，未享有抚养权的一方、未成年子女，都可以请求法院变更抚养权。

本案中，尽管张丽的父母已经离婚，但二人仍是张丽的法定监护人，都有监护权，都应该承担起监护职责。由于张某常年在外打工，张奶奶年事已高，已满12周岁的张丽极力要求随原告王某生活。法院判决王某胜诉，即张丽随母亲生活，这样既有利于张丽的身心健康，又尊重和保障了张丽作为未成年人的合法权益。当然，父亲张某仍有义务支付抚养费和履行监护的职责，为张丽的健康成长提供必要的条件。

【法律依据】

《婚姻法》

第三十六条　父母与子女间的关系，不因父母离婚而消除。离婚后，子女无论由父或母直接抚养，仍是父母双方的子女。

离婚后，父母对于子女仍有抚养和教育的权利和义务。

离婚后，哺乳期内的子女，以随哺乳的母亲抚养为原则。哺乳期后的子女，如双方因抚养问题发生争执不能达成协议时，由人民法院根据子女的权益和双方的具体情况判决。

第三十七条　离婚后，一方抚养的子女，另一方应负担必要的生活费和教育费的一部或全部，负担费用的多少和期限的长短，由双方协议；协议不成时，由人民法院判决。

关于子女生活费和教育费的协议或判决，不妨碍子女在必要时向父母任何一方提出超过协议或判决原定数额的合理要求。

【法博士点睛】

只生不养的母亲不是真正的母亲。

　　　　　　　——约·谢得

养儿育女既是人的天性和本能，又是法律规定的义务。

1.2 养不教，父之过——受教育权与家庭教育方法

【典型案例】

名家之子犯罪获刑

张军（化名），男，16岁。张军父母均为所在行业的领军人物，家庭环境优越，对张军的教育也极为重视。因此，张军从小便师从名家大师，小小年纪便在钢琴、书画等艺术领域展现出过人天赋，更是在国内外重大比赛中获奖无数，可谓"前途一片光明"。但同时，张军的父母对其过于溺爱，这为小张的未来走向埋下了伏笔。

某日下午，警方接到一女士报警称，前一晚她在一酒吧内与张军等人喝酒，后被张军等五人带至一宾馆内实施轮奸。警方立即开展工作，于次日将涉案的张军等五人控制，以涉嫌强奸罪将五人刑事拘留。

法院认为，张军等五人违背妇女意志，使用暴力手段奸淫妇女，其行为均已构成强奸罪。同时，五人共同犯罪的行为系轮奸，性质极其恶劣，给原告人的身心健康造成难以弥补的损害。因此，法院一审宣判，以强奸罪判处被告张军有期徒刑8年，其他被告均受到相应惩处。

张军等五人不服判决，提起上诉。二审公开宣判，维持原判。

【合作探究】

1. 名家之子张军违法犯罪也受到了法律的制裁，这给我们哪些启示？

2. 张军的犯罪事件让人们对家庭教育的重要性有了进一步思考。正如高尔基所言："爱孩子是老母鸡都会做的事情，可是要善于教育他们，这是国家的一桩大事，需要才能和全部的生活知识。"在家庭教育中，孩子的品德教育不能轻视！

结合张军案件和自身实际，分组讨论：青少年健康成长需要什么样的家庭教育？

要求：（1）以学习小组为单位，组长组织本组同学讨论，副组长做记录；

（2）每位同学积极参与，围绕主题畅所欲言；

（3）达成小组共识，保留不同意见，推荐一位同学代表本组发言；

（4）教师指导，班长、学习委员分别总结。

【律师、法官点评】

本案属于未成年人犯强奸罪的案件。案件中，被告张军是未成年人，涉及未成年人犯强奸罪的量刑问题。

在我国，未成年人是指未满十八周岁的公民。未成年人犯罪是指未成年人实施的犯罪行为。违反法律就要承担相应的法律责任，未成年人也不例外。

刑法是定罪量刑的法律。我国刑法对刑事责任的年龄做了明确规定："已满十六周岁的人犯罪，应当负刑事责任。已满十四周岁不满十六周岁的人，犯故意杀人、故意伤害致人重伤或者死亡、强奸、抢劫、贩卖毒品、放火、爆炸、投毒罪的，应当负刑事责任。已满十四周岁不满十八周岁的人犯罪，应当从轻或者减轻处罚。因不满十六周岁不予刑事处罚的，责令他的家长或者监护人加以管教；在必要的时候，也可以由政府收容教养。"

本案中，张军等五人的犯罪情形属于轮奸，造成了极其恶劣的社会影响，应当予以严惩。其中，张军为年满14周岁的未成年人，应负刑事责任，但需减轻处罚。因此，张军被判处有期徒刑8年。

此外，张军从小成长环境优越，最终却走上了违法犯罪的道路，令人唏嘘不已。在他身上所表现出来的嚣张跋扈、目无法纪折射出家庭教育的缺失——教子无方却纵子有术，最终导致了如今"监下囚"的结局。古语有云："父母之爱子，则为之计长远"。这种"长远"，不应只是才艺能力的培养，还在于健全人格的塑造。正如教育专家孙云晓所言，在家庭教育中，父母应该把握两个关键点：一是父母要给孩子做榜样；二是要打下牢固的道德、法律底线。

【法律依据】

《刑法》

第十七条　【刑事责任年龄】已满十六周岁的人犯罪，应当负刑事责任。

已满十四周岁不满十六周岁的人，犯故意杀人、故意伤害致人重伤或者死亡、强奸、抢劫、贩卖毒品、放火、爆炸、投毒罪的，应当负刑事责任。

已满十四周岁不满十八周岁的人犯罪，应当从轻或者减轻处罚。

因不满十六周岁不予刑事处罚的，责令他的家长或者监护人加以管教；在必要的时候，也可以由政府收容教养。

第二百三十六条　【强奸罪】以暴力、胁迫或者其他手段强奸妇女的，处三年以上十年以下有期徒刑。

奸淫不满十四周岁的幼女的，以强奸论，从重处罚。

强奸妇女、奸淫幼女，有下列情形之一的，处十年以上有期徒刑、无期徒刑或者死刑：

（一）强奸妇女、奸淫幼女情节恶劣的；

（二）强奸妇女、奸淫幼女多人的；

（三）在公共场所当众强奸妇女的；

（四）二人以上轮奸的；

（五）致使被害人重伤、死亡或者造成其他严重后果的。

【法博士点睛】

法律面前人人平等，名人子女也不例外。

1.3 滴水之恩，当涌泉相报——子女对父母有赡养的义务

【典型案例】

"常回家看看"

王某是一位75岁的老太太，育有一子一女。三年前，王某和老伴将一直居住的老房卖掉，房款全给女儿，并与两个子女签订协议。协议约定，老夫妻今后将居住在女儿的房屋里直至寿终，养老送终也由女儿负责。

老伴去世后，王某与女儿女婿的矛盾日渐增多。去年，王某从女儿家搬出，租房居住。王某称自己是被女儿赶出来的，女儿不但不管自己的居住，还不来看望。今年5月，王某将女儿和女婿起诉到法院，要求女儿女婿支付此前她独自租房的所有费用、妥善安排今后的居住问题，并定期看望她。

法院从维护母女亲情的角度出发，试图进行调解，但是调解无效。依据《婚姻法》和新修订的《老年人权益保障法》，法院做出判决，王某的女儿、女婿应付清王某租房的全部费用，共计8400元，并自判决生效之月起，每月给付王某房租费400元、生活费300元。

此外，法院判决王某的女儿女婿应定期探望老人，自判决生效之月起，每月至少探望一次，春节期间至少探望一次，端午、重阳、中秋等传

统节日至少探望一次。如果女儿女婿拒绝探望，王某可向法院申请强制执行，法院将根据情节轻重对王某的女儿女婿进行罚款直至拘留。

【探究与辩论】

1. 七嘴八舌：有人认为赡养父母就是让父母吃饱穿暖，你赞同该观点吗？

2. 辩论：在司法实践中，父母起诉子女要求"精神赡养"，赢了官司，丢了亲情。你认为这种官司打好还是不打好？

正方观点：诉讼是法治社会维权的最有效途径，父母应起诉子女维权。

反方观点：赢了官司，丢了亲情，家丑不可外扬，这种官司不打为好。

【律师、法官点评】

本案属于父母要求子女履行赡养义务的案件。案件中女儿女婿将年老母亲"赶"出家门，对其不闻不问，涉嫌违法，未尽到成年子女应赡养扶助年老父母的义务。

赡养是指赡养人对被赡养人提供必要的生活条件，包括经济上供养、生活上照料和精神上慰藉。所谓经济上供养，是指赡养人对无固定经济收入因而无力维持正常生活的被赡养人，提供金钱资助或者实物帮助，保证被赡养人的生活水平不低于所在家庭平均生活标准。所谓生活上照料，就是照顾、料理被赡养人的日常生活，包括烧茶做饭、换洗衣服等。所谓精神上慰藉，是指赡养人从精神上关心、安慰被赡养人，使其心理要求得到满足，保证其身心健康，也就是精神赡养。从对象上看，赡养包括子女对父母、晚辈对长辈两种情况。

随着我国经济的发展，人们的物质生活水平日渐提高，越来越多的老年人对精神生活提出了更高的要求。新修订的《老年人权益保障法》第十八条规定:"家庭成员应当关心老年人的精神需求,不得忽视、冷落老年人。与老年人分开居住的家庭成员,应当经常看望或者问候老年人。"像"常回家看看"此类要求,原本属于道德范畴,如今上升到了法律规定的高度,即"精神赡养"。

精神赡养的范围很广,如果与老人共同生活,需要在日常生活中关心体贴老人,不得从精神上虐待老人;如果与老人分开居住,应当定期探望老人,通过购买营养品等物化的方式让老人感受到子女的关心。

本案中,王某要求女儿女婿支付她拖欠的房租费并对她日后的居住问题进行妥善安排属于物质赡养,而王某要求女儿女婿定期看望她则属于精神赡养。精神赡养,更多的是精神上的沟通、慰藉,法律的介入只是一种手段。虽然法院做出了判决,但是王某与女儿之间能否相互谅解并重建和谐的母女关系才是解决本案的关键。

【法律依据】

《婚姻法》

第二十一条 父母对子女有抚养教育的义务;子女对父母有赡养扶助的义务。父母不履行时,未成年的或不能独立生活的子女,有要求父母付给抚养费的权利。子女不履行时,无劳动能力的或生活困难的父母,有要求子女付给赡养费的权利。

《老年人权益保障法》

第十四条 赡养人应当履行对老年人经济上供养、生活上照料和精神上慰藉的义务,照顾老年人的特殊需要。

赡养人是指老年人的子女以及其他依法负有赡养义务的人。

赡养人的配偶应当协助赡养人履行赡养义务。

第十五条 赡养人应当使患病的老年人及时得到治疗和护理;对经济困难的老年人,应当提供医疗费用。

对生活不能自理的老年人,赡养人应当承担照料责任;不能亲自照料的,可以按照老年人的意愿委托他人或者养老机构等照料。

第十六条　赡养人应当妥善安排老年人的住房,不得强迫老年人居住或者迁居条件低劣的房屋。

老年人自有的或者承租的住房,子女或者其他亲属不得侵占,不得擅自改变产权关系或者租赁关系。

老年人自有的住房,赡养人有维修的义务。

第十八条　家庭成员应当关心老年人的精神需求,不得忽视、冷落老年人。

与老年人分开居住的家庭成员,应当经常看望或者问候老年人。

用人单位应当按照国家有关规定保障赡养人探亲休假的权利。

第十九条　赡养人不得以放弃继承权或者其他理由,拒绝履行赡养义务。

赡养人不履行赡养义务,老年人有要求赡养人付给赡养费等权利。

赡养人不得要求老年人承担力不能及的劳动。

第二十条　经老年人同意,赡养人之间可以就履行赡养义务签订协议。赡养协议的内容不得违反法律的规定和老年人的意愿。

基层群众性自治组织、老年人组织或者赡养人所在单位监督协议的履行。

【法博士点睛】

滴水之恩当涌泉相报,何况养育之恩。子女对父母有赡养扶助的义务,它包括经济上供养、生活上照料和精神上慰藉。

第二讲

精神和行为的自由空间——人格权

2.1 身体发肤,受之父母——生命权、健康权、身体权

【典型案例】

遗弃男婴案件

小田（17岁）的女朋友小丽（16岁）在妇产医院产下一男婴,后该男婴因颅内出血病情严重转至当地一医院住院治疗。医院因婴儿病情严重,向家属下达病危通知。小田的父亲大田得知男婴治疗后极有可能留下脑瘫后遗症,康复概率较小,治疗费用较高,且小田与小丽又是未成年人,无经济收入,遂提出将男婴送到市社会儿童福利院。于是,大田以转院的名义,将男婴从人民医院接出,乘车到社会儿

童福利院附近,将男婴遗弃在福利院门前西侧的路边。随后,大田在现场附近打电话向公安机关报警。民警到达现场后,发现男婴已被过往车辆碾轧致死。侦查人员依据报警的电话号码通知大田到公安机关接受讯问,大田到案后如实供述了犯罪事实。

法院审理后认为,被告大田对男婴负有抚养义务但因男婴病情严重而拒绝抚养,故意遗弃婴儿并致婴儿死亡,其行为已构成遗弃罪。由于被告大田具有自首情节,依法可从轻处罚。鉴于被告认罪态度较好,确有悔罪表现,再结合司法机关出具的社区评估意见,法院对其宣告缓刑,依据刑法相关规定,判决被告大田犯遗弃罪,判处有期徒刑二年,缓刑三年。

【合作探究】

1. 议一议:有人认为大田遗弃病婴,致使婴儿死亡,被法院判处有期徒刑二年,缓刑三年,判轻了。也有人认为,大田这么做,是不得已而为之,判重了。你赞同哪种观点,请说明理由。

(1) 判轻了。

(2) 判重了。

(3) 判决合理。

2. 七嘴八舌:为解决大田等家庭的类似"难题",保护遗弃婴幼儿生命权、生存权和发展权,我国一些地方试点设立了"弃婴安全岛",专门收留被遗弃的婴幼儿,一时"弃婴安全岛"周围弃婴猛增。你赞同设立"弃婴安全岛"收留被遗弃婴幼儿的做法吗?

【律师、法官点评】

本案属于监护人遗弃患有严重疾病的未成年家庭成员的案件。案件中,被告大田对男婴负有抚养义务但因男婴病情严重而拒绝抚养,故意遗弃婴儿并致婴儿死亡,其行为已构成遗弃罪。

遗弃罪伴随扶养问题而来。广义的扶养包括父母抚养子女、长辈抚养晚辈、夫妻之间相互扶养、子女赡养父母、晚辈赡养长辈。所谓遗弃罪，是指对于被扶养人负有扶养义务而拒绝扶养的情节恶劣的行为。

我国婚姻法明确规定："禁止家庭成员间的虐待和遗弃。"遗弃行为通常是针对年老、年幼、患病或者其他没有独立生活能力的人，有可能造成被害人流落街头、被迫乞讨，严重者甚至造成被害人受重伤或者死亡。因此，同遗弃的犯罪行为做斗争，有利于构建一个少有所养、老有所依的良好社会环境，有利于保护妇女、儿童和老人的合法权益。

本案中，小田作为男婴的父亲，本具有法定监护职责，但是因其系未成年人，且没有收入来源，不具备履行监护职责的能力。在这种情况下，大田作为男婴的其他直系亲属，就具有了监护的职责。而他不履行法定职责，触犯了法律，自然要受到法律的惩处。

所谓生孩容易养孩难，特别是孩子刚出生就患有严重疾病的情况更是难上加难，我们可予以同情。但是，孩子一旦出生，监护人就负有不可推卸的抚养责任，哪怕患病，也要全力治疗，而不能轻言放弃，这不仅仅是道德要求，更是法律的强制性规定。

近年来，国家民政部在全国推广"弃婴安全岛"试点，这大大减少了恶性弃婴致死或加大救治难度的现象，但是客观上也"鼓励"了那些在现实困境和维系亲情之间挣扎徘徊的父母，成为他们选择弃婴的"最后的心理安慰"。国家、社会和家庭对于婴儿的健康成长都负有义不容辞的义务与责任，特别是对于有残疾的婴儿而言，更应当强调国家、社会和家庭共同的责任。

【法律依据】

《刑法》

第二百六十一条　【遗弃罪】对于年老、年幼、患病或者其他没有独立生活能力的人，负有扶养义务而拒绝扶养，情节恶劣的，处五年以下有期徒刑、拘役或者管制。

第六十七条　【自首】犯罪以后自动投案，如实供述自己的罪行的，是自首。对于自首的犯罪分子,可以从轻或者减轻处罚。其中,犯罪较轻的,可以免除处罚。

《婚姻法》

第三条 禁止包办、买卖婚姻和其他干涉婚姻自由的行为。禁止借婚姻索取财物。

禁止重婚。禁止有配偶者与他人同居。禁止家庭暴力。禁止家庭成员间的虐待和遗弃。

第四十五条 对重婚的,对实施家庭暴力或虐待、遗弃家庭成员构成犯罪的,依法追究刑事责任。受害人可以依照刑事诉讼法的有关规定,向人民法院自诉;公安机关应当依法侦查,人民检察院应当依法提起公诉。

【法博士点睛】

虎毒不食子。弃婴不是简单的违法,而是犯罪。

2.2 我的姓氏谁做主？——姓名权

【典型案例】

随父姓？随母姓？还是随便姓？

山西有一对夫妻小王（男）和小李（女）。因为双方都是独生子女，两人婚前约定，如果生育两个孩子，大孩随父姓，即姓王；二孩随母姓，即姓李。婚后一年，两人生育一名男孩，取名王小强（化名）。两年后，两人又生育了一名女孩，按照妻子小李的主意，应取名李小芃（化名）。但是，丈夫小王这个时候却变卦了。他认为随父姓是传承数千年的民间习俗，应当遵循传统，因此他坚持二孩仍应随他姓。妻子小李则认为随父姓是封建糟粕，反映了重男轻女的男权思想，并且生养孩子的责任和痛苦主要还是由母亲来承受，所以孩子更应该随母姓。双方争执不下，一晃四年过去了，二孩还没有一个正式的姓名，只有一个小名"妞儿"。更糟糕的是，随着两个孩子年龄的增长，加之天天在父母的辩论交锋下耳濡目染，他们对自己的姓氏也有了小心思，认为"我的姓氏我做主"。大孩王小强希望长大以后能够挣大钱，要改姓金，叫作金小强，二孩妞儿觉得全家四口人当中自己最小，是个小不点，要姓点。

生活中，这样的情形并不鲜见。比如，一对夫妇，丈夫姓庄，妻子姓

钟，为了图吉利想让孩子改姓王；有人本来姓李，成年以后自作主张想把姓拆改为"木子"；还有人因受他人恩惠，希望孩子随恩人姓……

【合作探究】

1. 查一查：查阅百家姓资料，了解你的姓氏和家族的历史和文化。

（1）你姓_____，该姓在百家姓中排_____位。

（2）说一说你的姓氏的历史渊源和相关传统文化。

（3）列举几位你们姓氏的历史名人：_____、_____、_____、_____等。

2. 议一议：公民享有姓名权，即公民有权决定自己的姓名，想跟谁姓就跟谁姓？

【律师、法官点评】

本案涉及公民的姓名权问题，主要探讨的是公民在姓氏选择方面的法律权利与自由，以及姓氏选择如何受传统文化和民间习俗的影响。

姓名权是公民的一项人格权利，是指公民可以依法决定、使用、变更自己的姓名，并要求他人尊重自己的姓名。姓名是区别此公民与其他公民的称号或代号。《民法通则》第九十九条规定："公民享有姓名权，有权决定、使用和依照规定改变自己的姓名，禁止他人干涉、盗用、假冒。"《婚姻法》第二十二条规定："子女可以随父姓，可以随母姓。"

姓名，对中国人而言，不仅是一个代表符号，还包含着丰富的文化内涵。尤其是姓名中的"姓"体现着血缘传承、伦理秩序和文化传统。姓氏文化是中华传统文化的重要组成部分。公民随父姓或者随母姓是我国姓氏文化的重要体现。在中华姓氏文化演进过程中相当长的一段时间里，"姓名"中的"姓"还是血缘关系的重要标志。世界上许多国家都通过立法明确规定子女应当随父姓或者母姓。当然，实践中，也有一些公民因恢复祖姓、由他人扶养等原因，在父姓、母姓之外选取姓氏。

2014年11月，第十二届全国人大常委会第十一次会议通过了《关于〈中华人民共和国民法通则〉第九十九条第一款、〈中华人民共和国婚姻法〉第二十二条的解释》。该解释规定："公民依法享有姓名权。公民行使姓名权，还应当尊重社会公德，不得损害社会公共利益。公民原则上应当随父姓或者母姓。有下列情形之一的，可以在父姓和母姓之外选取姓氏：（一）选取其他直系长辈血亲的姓氏；（二）因由法定扶养人以外的人扶养而选取扶养人姓氏；（三）有不违反公序良俗的其他正当理由。少数民族公民的姓氏可以从本民族的文化传统和风俗习惯。"

子女承袭父母姓氏有利于提高社会管理效率，便于管理机关和其他社会成员对姓氏使用人的主要社会关系进行初步判断。倘若允许随意选取姓氏甚至恣意创造姓氏，则会增加社会管理成本，不利于社会和他人，而且极易导致社会管理出现混乱，增加社会管理的风险和不确定性。

【法律依据】

《婚姻法》

第二十二条　子女可以随父姓，可以随母姓。

《民法通则》

第九十九条　公民享有姓名权，有权决定、使用和依照规定改变自己的姓名，禁止他人干涉、盗用、假冒。

【法博士点睛】

公民依法享有姓名权，原则上应当随父姓或者母姓，有特殊情况的也可在父姓、母姓之外选取姓氏。

2.3 让自由和安宁永驻心田——隐私权

【典型案例】

孩子当街小便，主持人评论遭批

2015 年 4 月，《孩子在香港街头小便，大陆夫妻与港人发生激烈冲突》的新闻在社交网络上广泛传播，激起强烈的社会反响。从该新闻配发的视频当中可以看到：一对大陆夫妻带孩子在香港旅游时，孩子在街头小便，港人拦住他们，围观拍照。路人在大声斥责、孩子在嚎啕大哭，现场十分混乱。

某卫视主持人在微博上转载了该新闻，并配发评论："孩子当街便溺，有路人拍照，遭孩子父亲抢走相机和记忆卡，孩子母亲打了路人一耳光。片中青年看不过眼报警，并阻止夫妻离开，双方争执不下，夫妻俩用婴儿车推撞该青年。"

此篇微博随即招来网友们的指责。网友们普遍认为该主持人隐瞒事实，忽略了小孩父母主动带小孩去厕所排队、母亲在小孩小便时专门用纸尿布接住的细节，但是对于港人拉扯呵斥夫妻俩、拍了小孩私处的画面却只字未提。有网友指出，该主持人缺乏保护未成年人的意识，转发清晰图片，误导舆论，缺乏基本的爱心。有网友更是直言："视频里涉及未成年人。你们未经父母同意，不打马赛克，把孩子的脸暴露在视频中已经涉嫌违法。"一时间，网友们纷纷要求该主持人出面道歉。

【合作探究】

1. 什么是隐私权？以小组为单位，搜集日常生活中侵犯未成年人隐私权的行为。

2. 议一议：应如何维护未成年人的隐私权？

3. 辩论：结合本案，查阅资料，以未成年人隐私权为话题，开展辩论。

正方观点：媒体曝光未成年人不文明行为，侵犯了公民的隐私权。

反方观点：媒体曝光未成年人不文明行为，保护了公民的公知权。

【律师、法官点评】

该案涉及未成年人的隐私权问题。本案中，主持人将孩子的脸暴露在视频中、并在微博上传播，侵犯了未成年人的隐私权。

隐私权是公民的一项基本权利，是一种"不受干扰的权利"，也是个人控制与自己有关信息的权利。公民的个人隐私既包括日常生活、社会交往等动态的隐私，也包括健康状况、财产状况等静态的隐私。公民的个人隐私在合乎法律、合乎社会公共道德准则和社会需要的范围内，有权拒绝他人知晓和干涉。当事人是否同意公开个人隐私是判断是否构成隐私权侵权的重要标准。若当事人同意，媒体公开报道其个人信息并不违法。

未成年人的隐私应得到特殊保护，因为未成年人是无民事行为能力人，他们不能理性地判断披露隐私的后果，同时，披露隐私可能给他们未来的生活带来负面的影响。所以，从理论上讲，无论未成年人（及其监护人）是否同意媒体公开个人隐私，无论未成年人是否愿意承担公开披露隐私的损害，媒体报道未成年人的隐私都是一种侵权行为。对于侵害未成年人隐私权的行为，可以要求其停止侵害、消除影响、赔偿损失等。

许多人都有窥探他人隐私的陋习。成年人尚且缺少足够的隐私权意识，保护未成年人隐私的意识则更为匮乏。在新闻报道中，侵害未成年人隐私权的现象屡见不鲜。一方面，国家需要完善相关法律制度；另一方面，新闻媒体应增强社会责任感，自觉保护未成年人隐私。

【法律依据】

《预防未成年人犯罪法》

第四十五条　对未成年人犯罪案件，新闻报道、影视节目、公开出版物不得披露该未成年人的姓名、住所、照片及可能推断出该未成年人的资料。

《未成年人保护法》

第三十九条　任何组织或者个人不得披露未成年人的个人隐私。

第五十八条　对未成年人犯罪案件，新闻报道、影视节目、公开出版物、网络等不得披露该未成年人的姓名、住所、照片、图像以及可能推断出该未成年人的资料。

【法博士点睛】

欣赏他人的优点，善待他人的缺点，尊重他人的隐私，快乐自己的人生。

第三讲

有恒产者有恒心——财产权

3.1 幸福生活的基石——保护公民合法财产

【典型案例】

市民银行卡遭异地盗刷

陈先生是湖北随县人，平时在随县工作和生活。去年，他在随县某银行支行办理了一张银行卡，并存入现金。两个月后的一天下午，他收到银行的客服短信，提示其储蓄账户异地消费支出 4 万元。他还未反应过来，一分钟后，又收到另一条短信，提示其储蓄账户异地消费支出 2.8 万元。此时，他的银行存款活期余额仅剩余 2.56 元。

收到短信后，他迅速联系该银行进行查询，并要求办理挂失业务，银行客服为他办理了永久挂失业务并建议报警。陈先生报警后，公安机关立即立案侦查。

事发后，陈先生找过银行，要求其承担损失，但银行只是表示同情，称会积极配合公安机关破案，并不愿意承担责任。协商未果之下，他将银行起诉到随县法院，要求银行赔偿全部存款损失6.8万元。

庭审中，陈先生认为，作为银行储户，持有其银行卡，银行应当保障储户的财产安全。如今，他的银行卡被盗用，银行应当负赔偿责任。

被告银行不同意原告陈先生的诉讼请求，称两笔交易是通过POS柜员交易渠道完成的，均为正常交易，没有密码或密码不符是无法完成交易的，而银行卡密码由储户保存，原告陈先生存在密码保管不善的责任，况且，银行已为原告办理了银行卡挂失，履行了安全义务，银行卡是否被盗用无公安机关及生效法律文书的认定，应当先刑事后民事。

【合作探究】

1. 市民银行卡遭异地盗刷，为什么维权很难？

2. 模拟法庭：

被告：随县某银行支行

原告：陈先生（银行储户）

原告陈先生的银行卡遭异地盗刷，他认为银行有义务保障储户的财产安全，所以，银行应当负赔偿责任。而被告银行认为银行已经履行了保障储户财产安全的义务，问题在于陈先生密码保管不善。

全班同学以小组为单位进行分工，各小组分别扮演：原告、被告、双方律师、法官、书记员、法警等角色，在法官主持下进行庭审。

【律师、法官点评】

本案涉及公民的财产安全问题。持卡人与银行之间形成了合法有效的储蓄存款合同关系，双方都有义务保障存款的安全。

银行卡被盗刷主要有两种情况。一是不法分子直接用原卡取现的盗刷行为。这种情况，多是因持卡人丢失银行卡、泄露银行卡帐号及密码，由持卡人承担责任。二是不法分子通过克隆、复制出伪卡进行盗刷的行为。这种情况，多是不法分子通过技术手段，窃取持卡人银行卡账号、密码等个人信息，使用克隆、复制出的伪卡在异地进行盗刷，表明银行发放的银行卡不具有唯一的可识别性和不可复制性，被复制的银行卡不能被交易系统排除，存在一定的安全隐患，由银行承担责任。

因此，判定不法分子是持真卡还是伪卡进行盗刷，对确定双方的责任十分关键。根据"谁主张，谁举证"的法律规定，持卡人需证明银行卡在被盗刷时，本人和银行卡均不在被盗刷地，银行在没有证据证明持卡人与他人恶意串通损害银行利益的前提下，依据时间、空间等常识判断，持卡人难以使用同一张银行卡往返两地操作，便可推定不法分子是利用伪造复制的银行卡进行的伪卡交易，银行对此应当先行赔偿持卡人的资金损失。

所以，持卡人在发现银行卡账户异常变动后，要做到三个"尽快"：一是尽快到最近的发卡行服务网点 ATM 机或银行营业场所用卡进行交易，如查询、取款、存款等，证明人卡未分离；二是立即拨打发卡行客服电话，核实是否发生了银行卡账户异常变动的情形，确认发生后立即办理临时挂失；三是尽快到当地派出所报案，向办案人员出示银行卡原卡，取得报案回执或受案通知书等文件。

本案争议的焦点在于涉案银行卡信息被泄露的责任在谁。法院经审理认为，根据现有证据，对涉案银行卡信息及密码被泄露的过错责任，尚不能单独归结于陈先生或者银行任何一方，根据公平原则，损失应由双方各自承担一半。

【法律依据】

《商业银行法》

第六条　商业银行应当保障存款人的合法权益不受任何单位和个人的侵犯。

《合同法》

第一百零七条　当事人一方不履行合同义务或者履行合同义务不符合约定的，应当承担继续履行、采取补救措施或者赔偿损失等违约责任。

【法博士点睛】

合同双方应该按照法律和合同的规定，享有各自的权利、履行各自的义务，合同当事人应当对因一方或双方未尽到应尽的义务而产生的不利后果承担相应的法律责任。

3.2 我的财产谁做主？——未成年人的财产处分权

【典型案例】

与未成年人订立的买卖合同是否有效？

今年年初，刘某将自己新买的苹果手机转卖给了同村的王某（14岁），双方约定价款为6000元，王某当天便付给了刘某2000元，并约定剩下的价款分期给付。可是两天后，王某却说"不想要了"，和他父亲一起找到刘某，要将手机退还给刘某，并要求刘某将其先前给付的2000元退还。刘某认为王某的行为给自己造成了巨大的经济损失，于是一纸诉状将王某告至法院，要求法院判决王某向其给付4000元余款。

法院审理认为，根据《民法通则》第十二条，"10周岁以上的未成年人是限制民事行为能力人"，被告王某在购买原告刘某的苹果手机时年仅14岁，属于限制民事行为能力人。根据《合同法》第四十七条的规定，"限制民事行为能力人订立的合同，经法定代理人追认后，该合同有效，但纯获利益的合同或者与其年龄、智力、精神状况相适应而订立的合同，不必经法定代理人追认。"本案中的原告刘某在与被告王某订立买卖合同时，并未要求王某的法定代理人进行追认，并且二人所订立的合同并非"纯获利益的合同或者与其年龄、智力、精神状况相适应而订立的合同"，故原告刘某与被告王某之间订立的苹果手机买卖合同为无效合同。法院依法判决驳回原告刘某要求被告王某支付余款 4000 元的诉讼请求。

【合作探究】

春节期间，一名 7 岁的儿童在没有征求父母同意的情况下，独自拿着压岁钱买了 200 元的玩具。父亲得知后，和孩子一起来到玩具店，向店主解释，孩子不懂事，买玩具没经过大人同意，所以要求退货。但店主认为，小孩买玩具前，自己问过小孩，小孩说是父母同意了的，何况玩具已经拆了包装，不好再出售。小孩父亲一气之下，砸了商店，扯坏店主的衣服……

续写故事《商店被砸之后……》，要求：300 字左右，大胆想象，符合情理和法理。

【律师、法官点评】

本案涉及未成年人的财产处分权。王某用 6000 元向刘某购买苹果手机是在行使财产处分权。

财产处分权，是指公民在法律允许的范围内处理自己财产的权利。未成年人也享有财产处分权，并受到法律的特殊保护。但是，未成年人行使财产处分权要受到民事行为能力的限制。

民事行为能力是指民事主体独立实施民事法律行为的资格。《民法通则》第十二条规定："十周岁以上的未成年人是限制民事行为能力人，可以进行与他的年龄、智力相适应的民事活动；其他民事活动由他的法定代理人代理，或者征得他的法定代理人的同意。"

裁决本案的关键在于，王某在处分自己的财产时是否已经具有足够的民事行为能力。王某购买手机时 14 岁，是"十周岁以上的未成年人"，属于限制民事行为能力人，因此凡是与他的年龄、智力相适应的民事活动，他都可以独立进行。问题在于，购买苹果手机是否属于与他的年龄、智力相适应的民事活动。从日常生活的角度来看，王某购买小额的文具、吃的、玩的都可以，但是购买高档苹果手机则是超出他的年龄、智力的民事活动。所以，王某与刘某约定购买高档苹果手机的口头合同是无效的。

【法律依据】

《民法通则》

第十一条　十八周岁以上的公民是成年人，具有完全民事行为能力，可以独立进行民事活动，是完全民事行为能力人。十六周岁以上不满十八周岁的公民，以自己的劳动收入为主要生活来源的，视为完全民事行为能力人。

第十二条　十周岁以上的未成年人是限制民事行为能力人，可以进行与他的年龄、智力相适应的民事活动；其他民事活动由他的法定代理人代理，或者征得他的法定代理人的同意。

不满十周岁的未成年人是无民事行为能力人，由他的法定代理人代理民事活动。

第十三条　不能辨认自己行为的精神病人是无民事行为能力人，由他的法定代理人代理民事活动。

不能完全辨认自己行为的精神病人是限制民事行为能力人，可以进行与他的精神健康状况相适应的民事活动；其他民事活动由他的法定代理人代理，或者征得他的法定代理人的同意。

第十四条　无民事行为能力人、限制民事行为能力人的监护人是他的法定代理人。

《合同法》

第四十七条　限制民事行为能力人订立的合同，经法定代理人追认后，该合同有效，但纯获利益的合同或者与其年龄、智力、精神健康状况相适应而订立的合同，不必经法定代理人追认。

【法博士点睛】

十周岁以上的未成年人可以独立买苹果，但是买苹果手机，则需征得监护人同意。

3.3 谁动了我的奶酪？——未成年人的财产保护

【典型案例】

父女争夺赔偿款

李明（化名）和王红（化名）夫妇育有一女李丽（化名）。李丽从小跟外公外婆一起生活，由李明和王红夫妇给付一定的生活费用。李丽13岁那年，王红因交通事故去世，获得各项赔偿共45万元，其中王红的父母领取了18万元，剩余款项由李明领取。

此后，李丽继续跟随外公外婆生活，但李明不再给付生活费用。李丽的日常花销全由外公外婆承担，这无疑使两位本就清贫的老人负担更加沉重。李丽希望父亲李明能够从剩余的赔偿款中明确她应得的数额，为她单独设立账户。尽管李丽多次要求，但李明一直不予理睬。最终，李丽只好委托外祖父王大海（化名）作为代理人将李明起诉至法院，要求李明返还15万元赔偿款。

经过法院调解，李丽和父亲李明达成协议，约定赔偿款中的12万元归李丽所有。在调解书生效之日起15日内，李明应以李丽的名义将12万元存入法院在银行开设的账户，并保管存款凭证直到李丽年满18周岁后交还李丽。在此期间，若需支取该款项，必须是用于李丽的生活、教育和医疗等。支取该款项必须严格按照法律程序，首先由法院出具手续，再由李丽和李明共同到银行取款。在此过程中，外祖父王大海应全程陪同。

【合作探究】

如果你是李丽的辩护律师，请写出你为李丽辩护维权的提纲。

【律师、法官点评】

本案涉及未成年人的财产保护问题，是一起父母一方死亡后，未成年子女的财产权益与法定监护人的利益发生冲突的典型案件。

未成年人的合法财产受到法律保护。法定抚养人给付的抚养费和教育费，继承的遗产、接受的赠予，通过发明创造、体育竞技、文学创作、才艺表演等方式获得的报酬等都属于未成年人的合法财产。

根据法律规定，未成年人的法定监护人首先应当由其父母担任，父母有权利也有义务对未成年子女的人身、财产和其他合法权益承担监督和保护职责。《民法通则》第十八条规定："监护人应当履行监护职责，保护被监护人的人身、财产及其他合法权益，除为被监护人的利益外，不得处理被监护人的财产。监护人依法履行监护的权利，受法律保护。监护人不履行监护职责或者侵害被监护人的合法权益的，应当承担责任；给被监护人造成财产损失的，应当赔偿损失。人民法院可以根据有关人员或者有关单位的申请，撤销监护人的资格。"

本案中，母亲王红死后，父亲李明作为李丽的监护人，应当履行监护职责，保护李丽的财产权益，同时承担李丽每月的生活费用。但李明不仅不再给付李丽的生活费用，对李丽单独设立账户并妥善保管的请求也未予理睬，未履行监护人职责。法院在审理此案时，从保护未成年人合法权益的角度出发，进行了妥善调解。

法院在处理涉及未成年人权益保护的民事案件时，坚持儿童最大利益原则。这也是对未成年人提供特殊司法保护的一项基本原则。当未成年人的利益与其监护人的利益发生冲突时，应尽可能地保护未成年人的利益，促进未成年人健康成长。

【法律依据】

《民法通则》

第十八条　监护人应当履行监护职责,保护被监护人的人身、财产及其他合法权益,除为被监护人的利益外,不得处理被监护人的财产。

监护人依法履行监护的权利,受法律保护。

监护人不履行监护职责或者侵害被监护人的合法权益的,应当承担责任;给被监护人造成财产损失的,应当赔偿损失。人民法院可以根据有关人员或者有关单位的申请,撤销监护人的资格。

《婚姻法》

第二十四条　夫妻有相互继承遗产的权利。

父母和子女有相互继承遗产的权利。

《继承法》

第十条　遗产按照下列顺序继承:

第一顺序:配偶、子女、父母。

第二顺序:兄弟姐妹、祖父母、外祖父母。

继承开始后,由第一顺序继承人继承,第二顺序继承人不继承。没有第一顺序继承人继承的,由第二顺序继承人继承。

本法所说的子女,包括婚生子女、非婚生子女、养子女和有扶养关系的继子女。

本法所说的父母,包括生父母、养父母和有扶养关系的继父母。

本法所说的兄弟姐妹,包括同父母的兄弟姐妹、同父异母或者同母异父的兄弟姐妹、养兄弟姐妹、有扶养关系的继兄弟姐妹。

【法博士点睛】

对未成年人的财产保护应坚持儿童最大利益原则,当监护人与未成年人的利益发生冲突时,优先保护未成年人的合法权益。

第四讲

爱情与亲情的呵护者——家庭婚姻法

4.1 我的婚姻谁做主？——婚姻自由

【典型案例】

父母代未成年子女订立婚约

小吕（女）与小南（男）是同村人，两家人是故交，两人的母亲又是好闺蜜。两人自小一起长大，青梅竹马，进入初中学习后，两人上学、放学同来同往，关系很密切，双方家长打心眼里高兴。在小吕、小南十四岁那年，双方父母摆下宴席，给两人订下了"娃娃亲"，结为亲家。几年后高考中两人均名落孙山。小南扛起行李外出打工，小吕打定主意复读再考。可双方的父母却以婚约为由，提出让两个年轻人先圆房。小吕拒绝了父母的要求，并撕毁婚约。小南认为双方有约在先，且因婚约摆酒席花费了很多钱，小吕毁约就得赔钱。无奈之下，小吕走上了法庭，寻求法律保护。

【合作探究】

"订婚"作为一种民间习俗，在我国许多地区大量存在，请你做一份关于"订婚"习俗的问卷调查。

1. 确立调查主题、目标、任务和方式。
2. 设计调查问卷。
3. 分组开展调查。
4. 收集调查信息。
5. 形成调查成果，如：报告、总结、心得、启示等。

【律师、法官点评】

本案是关于未成年人婚姻自由的问题，涉及订立婚约这一民间习俗。

婚姻自由，是指公民对自己的婚姻享有充分自主权，不受任何人的强制或干涉。公民有权自主决定是否结婚、与谁结婚、何时结婚、是否离婚等问题。因此，婚姻自由倡导自主自愿，反对包办婚姻、强迫结婚等行为。这里所说的婚约是指父母为子女预定婚事的行为。它分为两种，一种是"娃娃亲"，即为未成年子女订立的婚约；另一种是为成年子女订立的婚约。在封建社会里，父母为子女订立了婚约，子女到了年龄以后，不管愿不愿意都要履行婚约。但在现代社会，婚约通常不具有法律上的约束力。

《婚姻法》对婚约持中立态度，这主要是针对成年人而言，既不禁止成年两性为婚姻预约，也不保护婚约。《未成年人保护法》则明文禁止父母为未成年子女订婚。其中，第十五条规定："父母或者其他监护人不得允许或者迫使未成年人结婚，不得为未成年人订立婚约。"可见，父母为未成年人订立婚约实际上是一种违法行为。

我国法律之所以将父母为未成年人订立婚约的行为界定为违法行为，是因为未成年人订婚存在许多弊端：(1) 剥夺了未成年人将来恋爱自由和婚姻自由的权利；（2）导致早婚或未婚先孕的不良社会现象及违法婚姻行为的发生；（3）直接影响未成年人的学习和进步；（4）导致民事纠纷增多。

综上所述，如果未成年人的父母代替其订立婚约，这种婚约是没有法律效力的，任何一方均有权解除婚约，无须征得对方同意。本案中，小吕完全有权解除婚约，无须征得小南和双方父母的同意，同时无须因婚约的解除而承担任何法律责任。

未成年人要增强自我保护意识，学法、懂法、用法，自觉运用法律武器维护自己的合法权益。在家庭生活中，要做到明辨是非，敢于同父母的不理性行为作斗争。

【法律依据】

《婚姻法》

第二条　实行婚姻自由、一夫一妻、男女平等的婚姻制度。

保护妇女、儿童和老人的合法权益。

实行计划生育。

第三条　禁止包办、买卖婚姻和其他干涉婚姻自由的行为。禁止借婚姻索取财物。

禁止重婚。禁止有配偶者与他人同居。禁止家庭暴力。禁止家庭成员间的虐待和遗弃。

第五条　结婚必须男女双方完全自愿，不许任何一方对他方加以强迫或任何第三者加以干涉。

《未成年人保护法》

第十五条　父母或者其他监护人不得允许或者迫使未成年人结婚，不得为未成年人订立婚约。

【法博士点睛】

宁拆十座庙，不毁一门亲。但是强扭的瓜不甜，应尊重婚姻自由。

4.2 年龄不是问题?——婚姻效力

【典型案例】

未达法定婚龄结婚能否宣告婚姻无效

杨某(女)1996年9月16日出生,四川人,朱某(男)1994年7月5日出生,湖南人。高中毕业后,两人从各自的家乡来到上海同一工厂打工,2014年3月一次偶然的机会,两人在工作中相识。在交往中,两人确立了恋爱关系。随着感情升温,2015年2月8日朱某与杨某登记结婚,并于2015年12月生育一女孩。由于结婚时两人均未达到法定婚龄,所以两人采用假身份,隐瞒真实年龄,骗取结婚证。后来,两人感情破裂,经常为小事爆发激烈争吵。2016年10月,杨某起诉至法院,诉称其与朱某领取结婚证时,男女双方均未达到法定婚龄,要求法院宣布婚姻无效。经审理,法院对原告的诉讼请求不予支持。

【合作探究】

1. 如果你是本案的主审法官你会支持原告杨某的诉讼请求吗?请说明理由。

2. 2016年3月1日,一对即将年满16周岁的新郎新娘的婚礼一夜之间成为网络热议的焦点。男女青年分别是张某（男）和吴某（女）。张某于2000年9月出生，2015年初中辍学；吴某于1998年4月出生，2016年初中毕业。2016年农历正月初八，两人举办新婚喜宴，但并未办理婚姻登记手续。人们很难将这两个孩子与婚姻联系到一起。但事实上，早婚早育是当地普遍存在的客观现实。

"早生儿子早享福"的婚育观念在我国部分地区仍比较流行，这也是部分青少年未到法定婚龄就结婚生子的重要原因。只有转变错误的婚育观念，才能有效地解决上述问题。你还知道哪些错误的婚育观念？请你提出转变这些错误观念的有效措施。

【律师、法官点评】

本案是一个关于婚姻有效性的案件，破解本案的关键在于当事人是否达到法定婚龄。

从个人成长的角度，只有具备一定的生理条件和心理素质，才能履行夫妻义务，承担起对家庭的责任。因此，法律规定，结婚时必须要达到一定的年龄，也就是法定婚龄。

中国法定婚龄是男不早于22周岁，女不早于20周岁。法定婚龄是法律上允许结婚的最低年龄，低于法定婚龄不得结婚。因此，法定婚龄被用作区分合法婚姻与违法婚姻的界限。

但是，由于我国是一个多民族国家，许多少数民族传承着独特的婚姻生育制度，因此，我国《婚姻法》第五十条规定："民族自治地方的人民代表大会有权结合当地民族婚姻家庭的具体情况，制定变通规定。"

本案中，法院对于原告杨某起诉宣布婚姻无效的诉讼请求不予支持。理由是：杨某与朱某在领取结婚证时均未达到法定婚龄，是采取隐瞒真实年龄等手段骗取结婚证的，如果在此之后双方有一人向法院申请宣告婚姻无效，法院都会支持其诉讼请求，当然，最迟不得迟于2016年9月16日，因为在这个时间之后申请的话，双方均已达到法定婚龄，法定的无效婚姻情形已经消失。所以，当事人在法定无效情形已经消失的情况下，提请法院宣告婚姻无效,法院将会依法不予支持。

未到法定婚龄的婚姻是无效的,无效婚姻无法得到法律的保护。一旦夫妻双方在婚姻生活中产生了经济纠纷,将无法维权。同时,随着知识经济时代的来临,我国正建设学习型社会,我国的社会主义现代化建设需要大批高素质人才。所以,未成年人应将自己的时间和精力放在学习上来,努力提高自己的综合素质,为将来的发展打下坚实的基础。

【法律依据】

《婚姻法》

第六条　结婚年龄,男不得早于二十二周岁,女不得早于二十周岁。晚婚晚育应予鼓励。

第五十条　民族自治地方的人民代表大会有权结合当地民族婚姻家庭的具体情况,制定变通规定。自治州、自治县制定的变通规定,报省、自治区、直辖市人民代表大会常务委员会批准后生效。自治区制定的变通规定,报全国人民代表大会常务委员会批准后生效。

《婚姻登记管理条例》

第六条　办理结婚登记的当事人有下列情形之一的,婚姻登记机关不予登记:

(一)未到法定结婚年龄的;

(二)非双方自愿的;

(三)一方或者双方已有配偶的;

(四)属于直系血亲或者三代以内旁系血亲的;

(五)患有医学上认为不应当结婚的疾病的。

第七条　婚姻登记机关应当对结婚登记当事人出具的证件、证明材料进行审查并询问相关情况。对当事人符合结婚条件的,应当当场予以登记,发给结婚证;对当事人不符合结婚条件不予登记的,应当向当事人说明理由。

【法博士点睛】

年龄是个问题。我国从 1992 年开始不承认事实婚姻了。法律不保护"事实婚姻"!

4.3 婚前买房，相互"提防"——财产的归属与分割

【典型案例】

按揭买房财产分割案

一对二婚夫妻，妻子是医生，52岁，丈夫是某国企员工，53岁。两人在2006年结婚。

婚前，妻子独立买下一套房子。婚后不久，她以46万元的价格卖掉这套房子，用这笔钱又买了一套大一点的房子，总价是126万元，首付46万元，贷款80万元，房子在妻子个人名下。

婚后，夫妻二人常年异地分居，感情淡薄。最近，两人闹离婚，争这套房子。目前，这套房子已还了33万多元的贷款。妻子认为，房子在她个人名下，应当为她个人所有，不属于夫妻共同财产。但丈夫认为，这是婚后买的房，应当属于夫妻共同财产。最后，他们闹上了法庭。

【合作探究】

1. 当今社会离婚率居高不下，婚姻剧变中，房产分割往往最容易出现纠纷。请你查阅相关法律资料，回答下列问题。

（1）婚前按揭买房婚后还贷，是婚前财产还是婚后的共同财产？房子增值部分怎么认定？

（2）婚前按揭买房，购房合同上写的是男方名字，婚后房产证上加了女方名字，房子该怎么分？

（3）婚前按揭买房，男方父母出资首付，小夫妻共同还贷，离婚时房子怎么分？

2. 亲友会与话题作文：利用亲友大团聚的机会，请你组织一次以"幸福婚姻的保障"为主题的家庭会议，以此为基础写一篇同名话题作文，在班会课上与同学们分享。字数在600字左右为宜。

【律师、法官点评】

本案是关于离婚过程中的财产分割问题，涉及婚后夫妻共同财产的分割和婚前个人财产的保护。

夫妻共同财产，是指婚姻关系存续期间一方或双方的各项合法收入和财产。其中，婚姻关系存续期间，是指自结婚登记之日起，至离婚登记或离婚判决生效之间的时间。夫妻共同财产一般包括：夫妻双方各自的工资、奖金，生产、经营所得，继承的遗产，住房补贴、住房公积金等。婚姻法规定，离婚时，夫妻的共同财产由双方协商处理。

所谓婚前财产是指在结婚前夫妻一方就已经取得的财产。夫妻一方的婚前财产，不管是动产还是不动产，是有形财产还是无形财产，只要是合法取得，都应受到法律保护。在离婚时，不能作为共同财产进行分割。婚前财产的界定时间为双方结婚登记之日，结婚登记之日前双方分别所有的财产归一方所有，结婚登记之日后一方单独获得或双方共同所有的财产除特殊情况外，作为婚后夫妻共同财产。

离婚时，夫妻双方分割财产一般应遵循男女平等原则、给予补偿原则、照顾子女和女方利益原则、照顾无过错方原则。其中，男女平等原则是指夫妻双方既平等地分割共同财产，也平等地承担共同债务。

本案中，房子在妻子个人名下，首付房款46万为妻子所出，夫妻双方共同还贷 33 万元。从最终分割的数额来看，首付的钱是妻子个人财产，已还贷部分应当作为夫妻共同财产来分割。

缔结婚姻关系使夫妻双方的婚前个人财产和婚后共同财产产生了交叉和重叠。在法律上，一般认为，夫妻双方结婚之后，婚前财产归个人所有，而在婚姻关系存续期间产生的财产则属于共同财产。夫妻双方可以通过签署夫妻财产协议、进行财产公证，来保障夫妻感情，避免日后感情破裂发生财产纠纷。

【法律依据】

《婚姻法》

第十七条　夫妻在婚姻关系存续期间所得的下列财产，归夫妻共同所有：

（一）工资、奖金；

（二）生产、经营的收益；

（三）知识产权的收益；

（四）继承或赠予所得的财产，但本法第十八条第三项规定的除外；

（五）其他应当归共同所有的财产。

夫妻对共同所有的财产，有平等的处理权。

第十八条　有下列情形之一的，为夫妻一方的财产：

（一）一方的婚前财产；

（二）一方因身体受到伤害获得的医疗费、残疾人生活补助费等费用；

（三）遗嘱或赠予合同中确定只归夫或妻一方的财产；

（四）一方专用的生活用品；

（五）其他应当归一方的财产。

第十九条　夫妻可以约定婚姻关系存续期间所得的财产以及婚前财产归各自所有、共同所有或部分各自所有、部分共同所有。约定应当采用书面形式。没有约定或约定不明确的，适用本法第十七条、第十八条的规定。

夫妻对婚姻关系存续期间所得的财产以及婚前财产的约定，对双方具有约束力。

夫妻对婚姻关系存续期间所得的财产约定归各自所有的，夫或妻一方对外所负的债务，第三人知道该约定的，以夫或妻一方所有的财产清偿。

第三十九条　离婚时，夫妻的共同财产由双方协议处理；协议不成时，由人民法院根据财产的具体情况，照顾子女和女方权益的原则判决。

第四十条　夫妻书面约定婚姻关系存续期间所得的财产归各自所有，一方因抚育子女、照料老人、协助另一方工作等付出较多义务的，离婚时有权向另一方请求补偿，另一方应当予以补偿。

第四十一条　离婚时，原为夫妻共同生活所负的债务，应当共同偿还。共同财产不足清偿的，或财产归各自所有的，由双方协议清偿；协议不成时，由人民法院判决。

第四十二条　离婚时，如一方生活困难，另一方应从其住房等个人财产中给予适当帮助。具体办法由双方协议；协议不成时，由人民法院判决。

【法博士点睛】

剪不断理还乱的不仅仅是感情和亲情，还有离婚夫妻之间的财产。

第五讲

让逝者安息，遗产继承起风波——继承权

5.1 "与生俱来"的权利——法定继承人
（非婚生子女的权利）

【典型案例】

婚生子女与非婚生子女继承权利之争

王某某（男）英俊潇洒，何某（女）温柔善良，都在广东某工厂打工。经朋友介绍相识，在交往过程中，两人慢慢有了好感，不久发展成恋人。因为一时感情冲动，加上法律意识淡薄，两人并没有结婚，在法律不予保护的情况下，长期生活在一起，过着名为情侣，实为夫妻的生活。不久后，何某生了一个胖小子，小日子过得也算其乐融融。

可惜好景不长，王某某不幸遭遇车祸，因受伤严重，抢救无效死亡，

留下孤儿寡母。王某某的母亲最初就并不喜欢这个未结婚的"儿媳",并强烈反对二人生活在一起,孙子出生后,甚至不愿意认这个孙子。王某某去世后,其母亲认为小孩不是婚生子女,没有继承权,所以自己占有了王某某的全部财产。为此,何某一纸诉状把儿子的奶奶告上法庭,要求保护儿子的合法继承权。

【合作探究】

1. 非婚生子女与婚生子女的法律地位有没有区别?非婚生子女对其生父母的财产是否享有继承权?其法律依据是什么?

2. 某社区居委会要对社区居民进行《继承法》宣传教育活动,请你帮居委会设计三条普及《继承法》的宣传标语。

【律师、法官点评】

本案涉及未婚家庭出现变故后,其非婚生子女合法权利的保护问题。具体来看,该案属财产继承权之争,是围绕非婚生子女的父亲意外死亡后,非婚生子女是否享有与婚生子女同等继承权的问题而展开的。

所谓非婚生子女,是指没有婚姻关系的男女所生的子女。生育子女的男女,是非婚生子女的生父母。非婚生子女包括:未婚男女所生子女,已婚男女与第三人所生子女,无效婚姻和被撤销婚姻当事人所生子女等。

所谓婚生子女,是指婚姻关系存续期间妻子所生育的子女。因婚姻关系受胎所生的子女,其父母为具有夫妻身份的合法配偶。子女与母方的关系,基于出生的事实即可确定。子女与父方的关系,各国法律都采用下列推定:在婚姻关系中受胎的,母之夫即为子女之父;夫妻在受胎期间未同居者除外。

虽然婚姻有合法与非法之分,子女有婚生与非婚生之别,但是《婚姻法》规定:非婚生子女与婚生子女具有同等的法律地位,享有同等的权利,履行同等的义务。婚生子女享有的一切权利,非婚生子女同样享有,任何个人、组织、法人不得侵害非婚生子女的合法权利，不得歧视非婚生子女，否则由侵权人承担责任。

任何人不得非法剥夺非婚生子女的财产继承权。《继承法》中的"子女"，既包括"婚生子女"，又包括"非婚生子女"。《婚姻法》中有关父母子女间的权利和义务的规定，如抚养教育、监管保护、赡养扶助和遗产继承等，同样适用于父母与非婚生子女。本案中王某某与何某未婚生子，王某某意外死亡后，其非婚出生的儿子，享有与婚生子女同等的权利，在继承问题上也属第一顺序继承人，其继承权是法定的，不可侵害的和非法剥夺的。婆婆认为小孩不是婚生子女，没有继承权，自己占有王某某的全部遗产的行为是违法的。

在实际生活中，非婚生子女受到他人歧视的情况时有发生，甚至在某些方面还会受到与婚生子女不同等的待遇，维护非婚生子女合法权益需要社会各界共同努力。

【法律依据】

《婚姻法》

第二十五条　非婚生子女享有与婚生子女同等的权利，任何人不得加以危害和歧视。不直接抚养非婚生子女的生父或生母，应当负担子女的生活费和教育费，直至子女能独立生活为止。

第十条　《继承法》

遗产按照下列顺序继承：

第一顺序：配偶、子女、父母。第二顺序：兄弟姐妹、祖父母、外祖父母。

继承开始后，由第一顺序继承人继承，第二顺序继承人不继承。没有第一顺序继承人继承的，由第二顺序继承人继承。

本法所说的子女，包括婚生子女、非婚生子女、养子女和有扶养关系的继子女。

本法所说的父母，包括生父母、养父母和有扶养关系的继父母。本法所说的兄弟姐妹，包括同父母的兄弟姐妹、同父异母或者同母异父的兄弟姐妹、养兄弟姐妹、有扶养关系的继兄弟姐妹。

【法博士点睛】

婚生子女与非婚生子女具有同等的法律地位，享有同等的权利，履行同等的义务。

5.2 被"剥夺"的权利——遗嘱指定的继承人

【典型案例】

遗嘱继承起风波

吴某某和吕某婚后育有一对儿女，女儿小曼年满19岁，儿子小勇16岁。小曼亭亭玉立，美丽动人，在某市一重点大学读书，品学兼优、多次获学校奖学金。她还非常懂事，对父母很孝顺，是爸爸妈妈的乖乖女。夫妻二人对小曼喜爱有加，视其为掌上明珠。小勇初中未读完就辍学回家，和街上不三不四的社会青年混在一起，经常小偷小摸，打架斗殴，惹出不少事端，曾经多次被带到公安局接受教育，但仍无悔改之意。吴某某和吕某对小勇非常失望，担心自己本该幸福的家庭会毁在这个"败家子"的手里，为了断儿子的"后路"，夫妻俩立下遗嘱，在他们死后，所有财产由姐姐小曼继承，儿子无权继承二人的财产。小勇为此感到十分不满，甚至来了个破罐子破摔，更加自暴自弃。

小勇的朋友大明知道后，告诉小勇说："你父母的做法是错误的，违反了《继承法》。子女有权继承父母的遗产，父母不能随便剥夺未成年人的继承权。"小勇在网上学习了《中华人民共和国继承法》，并向律师咨询有关法律知识后，向法院提起诉讼，要求法院判定其父母所立遗嘱无效，保护自己的合法继承权。

【合作探究】

1. 小勇父母这么做合法吗？父母可以立遗嘱剥夺未成年子女的继承权吗？

2. 庭审现场：如果你是小勇的律师，小勇就案例中的问题向你咨询，请你给小勇提供三条维权的建议。

【律师、法官点评】

本案涉及未成年人财产继承权的保护问题。该案是由于儿子不争气，父母立遗嘱指定财产继承人，从而引发的财产继承权之争。案中问题的关键是公民立遗嘱时能不能剥夺法定继承人中无独立生活能力的未成年人的继承权。

继承权是指继承人依法取得被继承人遗产的权利。继承法对继承权主体和继承顺序有明确规定。继承开始后，有遗嘱的，先按照遗嘱继承办理；没有遗嘱的，按照法定继承办理。也就是说，被继承人生前如果立有合法有效的遗嘱，就应当首先按照遗嘱的规定进行遗嘱继承；在没有遗嘱或者有遗嘱但遗嘱被人民法院判决无效，以及有遗嘱但遗嘱仅处分了部分财产的情况下，才按法定继承方式进行。

我国《继承法》规定配偶、子女、父母为第一顺序法定继承人，小勇和小曼无疑都是父母遗产的法定继承人。该法又规定公民可以立遗嘱指定由法定继承人的一人或数人继承，也可以取消法定继承人的继承权，还可以立遗嘱将个人财产赠给国家、集体或法定继承人以外的人继承，所以小勇的父母有权按法律规定立遗嘱指定继承人。但是，法律同时规定遗嘱应当为缺乏劳动能力又没有生活来源的继承人保留必要的遗产份额。为了保护未成年人的利益，法律禁止以遗嘱方式剥夺未成年的法定继承权。

法律规定被遗嘱剥夺继承权的无独立生活能力和缺乏劳动能力的未成年法定继承人可依法继承其应继承的份额。因为该案中原告只有16岁，被告（其父母）立遗嘱时剥夺无独立生活能力的未成人的继承权，所以法院应判定该遗嘱违法无效，小勇胜诉。小勇父母以未成年人不争气为理由，剥夺未成年子女的合法继承权，其行为是错误的，其遗嘱是没有法律效力的。当然，小勇也应从该案中反思，为什么父母要这么做，并从自身找原因，做一个懂事的有用的人。

【法律依据】

《继承法》

第五条　继承开始后，按照法定继承办理；有遗嘱的，按照遗嘱继承或者遗赠办理；有遗赠扶养协议的，按照协议办理。

第七条　继承人有下列行为之一的，丧失继承权：

（一）故意杀害被继承人的；

（二）为争夺遗产而杀害其他继承人的；

（三）遗弃被继承人的，或者虐待被继承人情节严重的；

（四）伪造、篡改或者销毁遗嘱，情节严重的。

第十六条　公民可以立遗嘱指定由法定继承人的一人或数人继承，可以取消法定继承人的继承权，也可以立遗嘱将个人财产赠给国家、集体或法定继承人以外的人继承。

第十九条　遗嘱应当对缺乏劳动能力又没有生活来源的继承人保留必要的遗产份额。

【法博士点睛】

法律禁止以立遗嘱的方式剥夺未成年人的继承权。

5.3 亲如儿女的保姆——遗赠扶养协议指定的继承人

【典型案例】

遗产赠予保姆案

小英（女）和张某是保姆与雇主关系。小英工作认真负责，把张某视为自己的奶奶，对其照顾得十分周到。张奶奶是画家，小英于是向张奶奶学习绘画，二人结为师徒。后来，小英出去上班，但仍然住在张奶奶家，并照顾老人的生活。张奶奶非常喜欢和感激小英，立下自书遗嘱，表示将她的一切财产（动产和不动产）全部赠给小英。后经某市公证处公证，张奶奶又立公证遗嘱一式三份，表示将自己的住房遗赠给小英。小英持有其中一份公证遗嘱；另两份公证遗嘱和一份自书遗嘱保管在邻居李某某处。张奶奶去世后，李某某和小英一起拆阅了由李某某保管的遗嘱，并向张奶奶的女儿何女士及在场亲友公布了遗嘱内容。小英、何女士等清点了张奶奶在房内的遗物，李某某做了一份财产目录清单，小英、何女士、李某某等人签名认可，约定张奶奶的画由小英保管，存折等财产由何女士保管。后未经小英同意，何女士私自拿走了张奶奶的画。为此小英起诉到法院，要求法院确认张奶奶的自书及公证遗嘱均合法有效，判令小英有权获得张奶奶遗赠的全部财产，并由何女士归还其拿去的张奶奶的画。

法院一审判决小英胜诉，何女士及亲属不服，提起上诉。

【合作探究】

查阅《继承法》完成以下问题：

1. 《继承法》知识填空：

（1）继承权_____平等。

（2）遗产按照下列顺序继承：第一顺序：配偶、_____、_____。第二顺序：_____、祖父母、_____。

（3）继承开始后，由_____顺序继承人继承，第二顺序继承人不继承。没有第一顺序继承人继承的，由_____顺序继承人继承。

2. 张某将其全部财产赠予保姆小英的遗嘱是合法有效的，但是没有给自己的亲生女儿留下半分钱的行为是不近情理的。你赞同上述观点吗？说说你的理由。

【律师、法官点评】

本案争议的焦点是遗嘱处分财产的自由和遗嘱的法律效力问题。具体来看，该案是由于保姆精心照顾老人，老人立遗嘱把财产赠给保姆，老人的法定继承人不予认可，从而引发的财产继承纠纷案。

遗嘱自由是指被继承人生前通过立遗嘱的方式处分自己财产所有权的自由。遗嘱自由是个人自由的一部分。我国法律赋予公民生前有以遗嘱的方式处分自己个人财产的自由，是国家对公民财产的彻底保护和对公民自由权利的尊重与保护。

法律规定遗嘱自由如下：

（1）公民可以立遗嘱改变其法定继承人的范围、顺序和继承份额，甚至可以取消法定继承人的继承权，把财产分给法定继承人以外的人。

（2）公民可以立遗嘱把自己的财产遗赠给国家或集体组织，还可以把财产用做社会救济。

但是，任何自由都不是绝对的，遗嘱自由也不例外，其必须具备法定的形式要件和实质要件，否则遗嘱无效。在遗嘱继承中，遗嘱形式是否合法，直接决定遗嘱的内容能否有效。

在本案中，张奶奶有遗嘱自由，有权将自己的财产赠给其保姆小英，这是公民处分自己合法所有的个人财产的权利的表现。张奶奶在立遗嘱时是完全民事行为能力人；其立遗嘱时也没有受到胁迫和欺骗，是她的真实意思表示；遗嘱的内容既没违法，也没损害国家和集体的利益；张奶奶的法定继承人何女士既不是未成年人，也不属于缺乏劳动能力和没有生活来源的继承人。因此，该案老人将其全部财产赠予保姆小英的两份遗嘱都是合法有效的。

本案中张奶奶将自己所有财产赠与保姆而没有给自己的亲生女儿留下一分钱，这样做或许不近情理，但是根据我国现行的法律规定，张奶奶所立遗嘱是合法有效的，一审法院做出的判决是正确的。

二审法院认为张某生前所立遗嘱，内容真实，合法有效，驳回何女士的上诉请求，维持原判。

【法律依据】

《继承法》

第十六条　公民可以依照本法规定立遗嘱处分个人财产，并可以指定遗嘱执行人。

公民可以立遗嘱将个人财产指定由法定继承人的一人或者数人继承。

公民可以立遗嘱将个人财产赠给国家、集体或者法定继承人以外的人。

第十七条　公证遗嘱由遗嘱人经公证机关办理。

自书遗嘱由遗嘱人亲笔书写，签名，注明年、月、日。

代书遗嘱应当有两个以上见证人在场见证，由其中一人代书，注明年、月、日，并由代书人、其他见证人和遗嘱人签名。

以录音形式立的遗嘱，应当有两个以上见证人在场见证。

遗嘱人在危急情况下，可以立口头遗嘱。口头遗嘱应当有两个以上见证人在场见证。危急情况解除后，遗嘱人能够用书面或者录音形式立遗嘱的，所立的口头遗嘱无效。

第十八条　下列人员不能作为遗嘱见证人：

（一）无行为能力人、限制行为能力人；

（二）继承人、受遗赠人；

（三）与继承人、受遗赠人有利害关系的人。

第十九条　遗嘱应当对缺乏劳动能力又没有生活来源的继承人保留必要的遗产份额。

第二十条　遗嘱人可以撤销、变更自己所立的遗嘱。

立有数份遗嘱，内容相抵触的，以最后的遗嘱为准。

自书、代书、录音、口头遗嘱，不得撤销、变更公证遗嘱。

第二十一条　遗嘱继承或者遗赠附有义务的，继承人或者受遗赠人应当履行义务。没有正当理由不履行义务的，经有关单位或者个人请求，人民法院可以取消他接受遗产的权利。

第二十二条　无行为能力人或者限制行为能力人所立的遗嘱无效。

遗嘱必须表示遗嘱人的真实意思，受胁迫、欺骗所立的遗嘱无效。

伪造的遗嘱无效。

遗嘱被篡改的，篡改的内容无效。

【法博士点睛】

我的财产我做主。公民享有个人财产处分的权利和自由，有权依法立遗嘱处分个人财产，可以把属于自己的财产遗赠给法定继承人以外的国家、集体和个人。

综合探究　　　　家庭生活中的法律

单元活动设计一：幸福家庭　与法同行

【探究活动目标】

了解未成年人在家庭生活中的基本权利；

了解我国家庭生活中的法治现状；

学会与家庭成员和睦相处。

【探究活动建议】

查阅相关法律法规，了解未成年人的基本权利；

通过社会调研，了解我们周围家庭关系状况；

调查收集家庭关系中典型的侵权行为；

充分讨论，为家庭生活中的自我保护提出建议；

撰写研究报告，总结收获与体会。

【探究路径参考】

※　学一学

法律是家庭幸福的保障。我国《未成年人保护法》《婚姻法》和《继承法》等法律法规为保护未成年人在家庭生活中的合法权利方面做了许多专门规定。

查阅《未成年人保护法》《婚姻法》和《继承法》等法律，了解未成年人在家庭生活中的基本权利有哪些。

以小组为单位，举办一次以"幸福家庭，与法同行"为主题的法治知识竞赛活动。

※ 辩一辩

元宵节，看花灯，放烟花，这是小朋友喜欢的活动。然而菲菲和家人却错过了看花灯、放烟花和在家过元宵节的机会。遍体鳞伤的她被送儿童医院疗伤，而造成这一切的原因是：菲菲不听话被其父亲殴打成重伤。事发当天，小女孩的父亲——犯罪嫌疑人王某，因涉嫌故意伤害罪被警方刑事拘留。躺在病床上的菲菲说："爸爸其实很爱我，我现在不知道该怎么办。"

结合该案例，就"爸爸其实很爱我，我现在不知道该怎么办"的话题进行辩论。

正方观点：尽管爸爸很爱我，是为我好，但是教育方式不对，甚至违法犯罪，我选择诉诸法律。

反方观点：尽管爸爸教育方式不对，甚至违法犯罪，但是他很爱我，是为我好，我选择默默忍受。

※ 做一做

家庭成员法治观念淡漠和法律知识缺乏，是未成年人在家庭生活中权利受到侵犯的重要原因，要加强对未成年人的家庭保护，必须要加强法治教育，提高家庭成员的法律素养。

请你和同学一起组织一次以"家庭生活中的法律"为主题的社区法律普及宣传实践活动。

【探究之总结】

家庭保护

婚姻（或收养）关系是家庭的基础，血缘关系是家庭的纽带。作为社会生活的基本单位，家庭不仅具有繁衍后代的功能，而且具有教育和保护后代的职责。

家庭保护是对未成年人保护的重要基础，家庭保护直接影响未成年人的成长。根据法律规定及未成年人的实际需要，父母或其他监护人应依法履行对未成年人的监护职责和抚养义务；尊重未成年人接受教育的权利，必须使适龄未成年人按照规定接受义务教育，不得使在校接受义务教育的未成年人辍学；用健康的思想、品行和适当的方法教育未成年人，引导未成年人进行有益于身心健康的活动，不得使未成年人结婚或订婚；还应根据自己的情况及未成年人的身心特点和不同情况，进行适人、适事、适时、有效的其他方面的家庭保护。

"家和万事兴"。家庭是社会的细胞，安宁与否直接攸关社会和谐与稳定。无论地位高低、财富多少，每位家庭成员，都需要面对家庭生活，都应该在享受权利的同时，承担作为家庭成员的义务。

第二编 02
学校生活中的法律

第一讲

我要读书——学生入学与受教育权

1.1 "舍近求远"——就近入学与最近入学

【典型案例】

南京市民状告教育局

"自己的家离最近的小学不到350米,孩子却要"舍近求远"到离家1.3公里外的小学读书。"南京市民顾先生向法院起诉,状告南京市某区教育局违背"就近入学"原则,要求教育局同意自家孩子在离家最近的小学入学。

原告顾先生起诉称,十多年来,他的住所地某小区的小学施教区一直被派位到南京市南湖某小学,两地距离1500米,小孩上学在路上大约需要40分钟。2013年新办的某小学北校区与顾先生的住所地仅一条马路之隔，距离400多米，步行不到10分钟，但此后顾先生住所地小学施教区还是被派位到1500米外的南湖某小学。原告认为施教区划分没有根据实际情况的变化进行合理调整，违背了"就近入学"原则，故要求法院判决撤销被告2015年对新办的某小学北校区、南湖某小学施教区划分的具体行政行为，并按"就近入学"原则重新划分施教区。

被告辩称，"就近入学"是划分小学校施教区和小学生入学的重要原则。但是"就近入学"不等于最近入学，而是指入学儿童在相对就近所属地段的学校入学，不能以入学儿童户籍地和学校的直线距离作为划分学区的唯一原则。被告综合考虑辖区人口分布、道路、小区边界等多种因素后，做出的该区小学入学工作实施办法系依法制定，程序和内容符合法律规定的要求，请求法院驳回原告的诉讼请求。

【合作探究】

1. 如果你是顾先生的辩护律师，请写出你为顾先生的孩子辩护维权的辩护词提纲。

2. 有人认为"就近入学"是促进教育公平的最好办法，谈谈你对该观点的认识。

【律师、法官点评】

本案争议焦点是"就近入学"等不等于到离家最近的学校入学。该案是市民起诉教育局违背"就近入学"原则划分施教区，为孩子"就近入学"维权的典型案件。

为给每一个儿童提供平等的受教育的机会，促进教公平，《义务教育法实施细则》第二十六条规定："实施义务教育学校的设置，由设区的市级或者县级人民政府统筹规划，合理布局。小学的设置应当有利于适龄儿童、少年就近入学。"该规定不但明确了适龄儿童、少年就近入学的权利，而且明确了地方各级政府保障适龄儿童、少年在其户籍所在地就近入学权利的义务和责任。

根据顾先生的诉讼请求，法院审理查明，在学区划分前，该区教育局对入学适龄儿童数量进行了调查摸底，并多次召开义务教育招生公众参与研讨会、专家论证会，在公示了有关决策草案后，最终公布相关学校施教区。但由于该区学校资源与人口分布不均衡，施教区的划分不可能保证所有适龄儿童均能在离家庭住址最近的学校入学，只能从总体上满足所划分的区域符合"就近入学"原则。经实地测量，从顾先生住所地至某小学北校区的距离为0.33千米，虽然顾先生的小孩到南湖某小学读书的确远些（实测距离为1.29千米），但并非过远。结合学校布局、适龄儿童分布和数量、施教区覆盖等因素综合考量，区教育局的被诉行为并不违反"就近入学"原则，也不存在明显不合理。故法院驳回顾先生的诉讼请求。

就近入学的政策目标是根据法律规定，尽量将学区的学生分配到离小区最近的学校入学。受人口分布、学校布局、街区形状等多种因素的影响，就近入学并不意味着最近入学，更不可能完全做到直线距离最近入学。教育行政主管部门划分学校施教区，要充分考虑可能影响公平的各关键要素，如户籍、行政区划、学校布局、适龄儿童数量和分布状况等因素，确定相对科学的划片规则，确保适龄儿童、少年整体上相对就近入学。

贯彻"就近入学"原则，确保教育的公平，满足老百姓对优质教育的需求，除了需要合理划分"施教区"外，更需要教育主管部门科学规划布局中小学校网点，加大教育投入，促进教育均衡发展。

【法律依据】

《义务教育法》

第十二条 适龄儿童、少年免试入学。地方各级人民政府应当保障适龄儿童、少年在户籍所在地学校就近入学。

第十五条 县级以上地方人民政府根据本行政区域内居住的适龄儿

童、少年的数量和分布状况等因素，按照国家有关规定，制定、调整学校设置规划。新建居民区需要设置学校的，应当与居民区的建设同步进行。

第十六条　学校建设，应当符合国家规定的办学标准，适应教育教学需要；应当符合国家规定的选址要求和建设标准，确保学生和教职工安全。

第十七条　县级人民政府根据需要设置寄宿制学校，保障居住分散的适龄儿童、少年入学接受义务教育。

【法博士点睛】

教育公平具有起点公平的意义，是社会公平的重要基础，可以使人们通过自身努力，提升参与平等竞争的能力，这有助于促进社会纵向流动。

——李克强

1.2 同样的高考，不一样的录取率——异地高考与高考移民

【典型案例】

"高考移民"的惨痛代价

徐某某就读于新疆一中学，在新疆参加高考，被武汉某高校录取，读法学专业。读大四时，有人举报徐某某本来是湖北人，高考前落户新疆，系"高考移民"。随后，徐某某就读高校向新疆招生办出具协查函，请求该招生办核查徐某某的报考资格。经新疆招生办查实，根据相关政策规定，徐某某属于"高考移民考生"，不具备在新疆高考报名资格。

临近大学毕业时，根据有关法规和政策，徐某某就读高校做出取消她大学学籍的决定。

徐某某不服，遂向法院提出书面申诉，并提交了符合当地高考报名条件的证据，要求学校撤销决定。校方再次向新疆招生办出具协查函，经过调查，徐某某及其父亲当年落户新疆在时间和信息上存在违规操作，在徐某某入户新疆一事上，某涉案民警和徐父有违法行为。

法院驳回了徐某某恢复学籍的诉讼请求，认为徐某某恢复学籍的请求需要校方依据相关程序审核决定。

【合作探究】

1. "异地高考"与"高考移民"有何不同？
2. 为什么高考移民受到了严厉的查处？
3. 你认为有哪些方法可以有效遏制高考移民？

【律师、法官点评】

本案涉及随迁子女（考生）在异地参加高考的报考资格和升学录取问题。徐某某随父落户新疆，在新疆参加高考并被高校录取，后经查实，徐某某入户新疆违法违规，属"高考移民"考生，高校决定取消她的大学学籍。

"高考移民"是指考生（家长或学校等）违反国家招生考试政策，迁移或违规迁移户籍，转办或违规转办学籍，甚至伪造户籍、学籍，骗取高考资格，以提高违规考生的升学概率或进入更高层次高校学习的行为。"高考移民"是我国高校招生考试中的一种特殊现象。我国幅员广、考生多，教育水平地区差距较大，因此全国高校招生考试以各省、市、自治区为单位，由各省、市、自治区分别进行评卷和划定高考录取分数线。这就导致各地高考分数线及录取率往往不同，有的甚至差异很大。部分考生趁机通过转学或迁移户口等办法"移民"到高考分数线相对较低、录取率较高的地区，骗取考试资格，违规参加高考。

"异地高考"是指根据国家招生考试政策，符合条件的甲地考生可以在乙地参加高考和录取的现象和行为。"异地高考"也是国家或某些地方出台的招生考试政策。在社会主义市场经济条件下，各种生产要素在地区之间流动加剧，大量流动人口（含农民工）长期在异地工作，随着时间推移，其子女在流入地入学和升学的矛盾日益凸显。异地高考政策，是化解这类矛盾、保障改善民生、促进教育公平、维护社会稳定的重要举措。这一政策既有利于维护生源流入地考生的合法权益，又有助于保障外来务工人员及其子女的合法权益,还可以助推社会经济健康发展。

《普通高等学校招生违规行为处理暂行办法》第十一条规定,考生"提供虚假姓名、年龄、民族、户籍等个人信息,骗取报名资格、享受优惠政策的",对其行为,"在报名阶段发现的,取消报考资格;在入学前发现的,取消入学资格;在入学后发现的,取消录取资格或者学籍"。本案中徐某某"骗取报名资格、享受优惠政策",在入学后发现,理应"取消学籍"。

治理"高考移民"现象需要多部门齐抓共管。学籍管理部门要加强学校学籍注册审核管理,杜绝出现学籍造假和空挂学籍行为。户籍管理部门要严查严管高中阶段跨省异地转学考生的户籍。教育行政主管部门要做好考生身份鉴定、确认工作。

当然,促进教育均衡发展,缩小地区间教育差距,改革招生考试制度,缩小各地高考分数线和录取率的差距,促进教育公平,才是解决"高考移民"问题的根本途径。

【法律依据】

《国家教育考试违规处理办法》

第七条　通过伪造证件、证明、档案及其他材料获得考试资格、加分资格和考试成绩的,应当认定相关的考生实施了考试作弊行为。

第十一条　有作弊行为的考生,已经被录取或者入学的,应取消录取资格或者学籍。

《普通高等学校招生违规行为处理暂行办法》

第十一条　考生"提供虚假姓名、年龄、民族、户籍等个人信息,骗取报名资格、享受优惠政策的",对其行为,"在报名阶段发现的,取消报考资格;在入学前发现的,取消入学资格;在入学后发现的,取消录取资格或者学籍"。

符合以下条件的来疆务工人员随迁子女,可以在疆报名高考(节选)

——自2016年起,非新疆户籍来疆务工人员随迁子女,初中二、三年级及普通高中阶段在疆连续实质性就读 5 年并有 5 年完整学籍，父母在疆有 5 年及以上合法稳定职业和居住证，有在疆两年及以上社保缴费记录或纳税证明，允许其高考报名，可报考区内本科院校和区内外高职（专科）院校。

——自 2017 年起，非新疆户籍来疆务工人员随迁子女，初中及普通高中阶段在疆连续实质性就读 6 年并有 6 年完整学籍，父母在疆有 6 年及以上合法稳定职业和居住证，有在疆 3 年及以上社保缴费记录或纳税证明，允许其高考报名，可报考区内外本专科院校。

【法博士点睛】

先有学籍，后有考籍，应严格学籍、严管考籍。

1.3 永远收不到的通知书——冒名上学，侵犯公民受教育权

【典型案例】

我国首例侵犯受教育权案件

小齐与陈某某是中学校友，二人都是山东省 A 市某中学学生。1990 年，小齐参加中专考试，因成绩优秀被山东省 B 市某中专学校录取。陈某某则在预选考试中就被淘汰，但在陈父（原村党支部书记）的一手策划下，陈某某从 A 市某中学领取了 B 市某中专学校发给小齐的录取通知书，冒名顶替其入学就读。毕业后，陈某某仍然使用小齐的姓名，假小齐被分配到山东省滕州某银行工作。

九年后，小齐才得知真相。1999 年 1 月 29 日，为维护其合法权利，小齐以侵害其姓名权和受教育权为由，向山东省枣庄市中级人民法院提起民事诉讼。原告诉称：由于被告陈某某、陈父、B 市某中专学校、A 市某中学和教委等共同弄虚作假，促成被告陈某某冒名上学，致使原告的姓名权、受教育权以及其他相关权益受到侵犯，给原告带来了巨大的损失和伤害，请求法院判令被告停止侵害、赔礼道歉并赔偿经济损失和精神损失。

几经周折，2001 年 8 月 13 日，最高人民法院认定"陈某某等以侵犯姓名权的手段侵犯了小齐依据宪法规定所享有的受教育的基本权利，并造

成了具体的损害后果，应承担相应的民事责任。"2001年8月24日，二审法院根据最高院批复作出判决：陈某某等被告败诉，法院责令陈某某停止对小齐姓名权的侵害；有关被告赔礼道歉，并赔偿损失，小齐获得直接和间接经济损失赔偿共计48045元；被告各方赔偿小齐精神损害费50000元。

【合作探究】

1. 什么是姓名权？什么是受教育权？
2. 你的姓名权和受教育权被侵犯过吗？如果有，你是如何对待的？

【律师、法官点评】

本案涉及维护公民姓名权和受教育权的法律问题。案中争议的焦点是被告是否侵犯了原告的受教育权。

姓名权是公民依法享有的决定、使用、变更自己的姓名并要求他人尊重自己姓名的一种人格权利。国家保护公民的姓名权。

受教育权是指公民享有从国家接受文化教育的机会和获得受教育的物质帮助的权利。受教育权是公民享受其他文化教育的前提和基础，国家保护公民的受教育权。

本案原告小齐的录取通知被人冒领，痛失上学机会，人生轨迹因此改变，得知真相后，愤而上告维权，要求被告停止侵害、赔礼道歉并赔偿经济损失和精神损失。

该案最终是依据最高人民法院一个历史性的司法解释《关于以侵犯姓名权的手段侵犯宪法保护的公民受教育的基本权利是否应承担民事责任的批复》做出的判决。……由于被告A市某中学未将统考成绩及委培分数线通知到原告本人，且又将原告的录取通知书交给前来冒领的被上诉人陈某某，对原告被她人冒名上学负有责任。又由于B市某中专校对报到新生审查不严，在既无准考证又无有效证明的情况下接收陈某某，才让陈某某冒名上学成为事实，也负有一定的责任。陈父女伙同有关学校、医院、教育部门工作人员伪造体格检查表、学期评语表,违规自带档案并撤换档案材料,致使陈某某不仅冒名上学,而且冒名参加工作。由于被告各方的过失过错,最终导致原告的姓名权和受教育权被侵犯,故各被上诉人对该侵权行为所造成的后果,应当承担法律责任。

受教育权是宪法赋予公民的一项基本权利,也是公民的一项基本义务。在当前科学技术迅猛发展、人类知识迅速增加的形势下,公民只有接受教育,提高自身素质,才能获得更好的就业和发展机会,为国家创造更多的财富,才能丰富和完善自己,实现更高的人生价值。然而我国首例侵犯受教育权案件发生30多年后的今天,公民特别是未成年人受教育权被侵犯的现象们时有发生,甚至还有2017年版的"小齐案"。

【法律依据】

《宪法》

第四十六条 中华人民共和国公民有受教育的权利和义务。

《民法通则》

第九十九条 公民享有姓名权、有权决定、使用和依照规定改变自己的姓名,禁止他人干涉、盗用。

第一百二十条 公民的姓名权、肖像权、名誉权、荣誉权受到侵害的,有权要求停止侵害,恢复名誉,消除影响,赔礼道歉,并可以要求赔偿损失。

《户口登记条例》

第十八条,公民变更姓名,依照下列规定办理:18周岁以上公民需要变更姓名时,由本人向户口登记机关申请变更登记。公民的姓名权受到侵害时,有权要求停止侵害,恢复名誉,消除影响,赔礼道歉。

【法博士点睛】

公民有受教育的基本权利和义务,宪法和法律保护公民的受教育权利。

第二讲

老师请你尊重我——青少年的人格权

2.1 黄荆棍下出好人——教育方式与方法

【典型案例】

"打是亲骂是爱"

初三学生袁华（化名），平日总喜欢揣几包零食在兜里，甚至养成了上课趁老师不注意偷偷吃两口的习惯。一天，在王老师的物理课上，袁华把脸藏在打开的书后吃起零食来。不料，被王老师逮了个正着。王老师要求他放下零食认真听课，但袁华和往常一样当没有听见，仍将书高高立起。王老师走到袁华座位旁要求他立即将零食吐出来。孰料，桀骜不驯的袁华吃得更加肆无忌惮了。王老师见状气极，便把袁华拽到教室门外罚站。下课后，王老师见袁华毫无认错态度，又把他叫到了办公室当众训骂,还连踢了袁华十几下,致袁华身体多处瘀伤、行走困难。当天放学之后,袁华的家长找到了学校领导。家长认为,孩子纵然有错,但王老师的处理方式过于简单粗暴,严重伤害了孩子的身心健康,要求学校开除王老师。校领导真诚地向家长赔礼道歉,并耐心地向家长解释道:王老师的行为是否需承担"解聘"的法律责任应该严格按法律的规定来办。

经过多方努力,此事最终得到了家长的谅解。事后学校对王老师做出如下处理:1. 校方向王老师追偿校方所承担的医疗费用;2. 给予其相应的行政处分,毕竟王老师在事件的处理过程中确有过错。此举在当地还引起了一场争论风波,尤其是一线教师认为:家长都选择了谅解,校领导这样的决定叫人心寒;这样做过于偏袒学生,辱没了教师的尊严;违纪不敢惩罚对学生也是不负责任。为此,学校组织全体教职工学习有关法律法规,并邀请法制专家和教育专家对全体教师进行了正确引导,争论风波才逐渐平息。后来,学校还是按照原处理意见对王老师进行了处理。

【合作探究】

1. 学校对王老师的处理,你赞成吗?

2. "黄荆棍下出好人"——这是我国千百年来的教育法宝,至今依然有一定市场。松是害,严是爱,你如何看待这种教育思想?

【律师、法官点评】

本案中教师体罚学生的行为涉嫌侵犯学生的生命健康权和人格尊严权。具体来看,依据《侵权责任法》的相关规定,因教育机构的过失或教职工的过错导致在校未成年人人身受到损害的,应由校方承担过错责任。过错责任原则是我国民法中确定人身伤害事故责任归属的一项基本原则。它适用的前提是:有过错,则承担与过错相应的责任;没有过错,就不承担责任。王老师体罚学生确属不当行为、过错行为,校方和王老师均应依法承担相应的法律责任。

那么，何谓体罚呢？它主要是指家庭或学校对儿童肉体实施惩罚并使其肉体或精神受到伤害的行为，常见形式为殴打、罚站、饿饭、烈日下暴晒等。变相体罚，是指采取其他间接手段，对学生肉体和精神实施惩戒并使其受到伤害的行为，如劳动惩罚、身体运动惩罚、过量作业惩罚等行为。

体罚是处罚儿童的错误教育方式，虽然中国素来就有"不打不成器"、"黄荆棍下出好人"的说法。体罚和变相体罚稍不留意，就会对儿童造成巨大的身心伤害：生理上，可能导致儿童伤残、甚至死亡；心理上，容易损害儿童的自信心，使儿童变得缺乏安全感，甚至扭曲儿童的人格。从法律意义上来说，体罚和变相体罚均违反了我国现行法律制度，侵犯了儿童的生命健康权、人格尊严权、人身自由权、受教育权等权利。

体罚学生造成伤害的，根据情节轻重，可能承担三种法律责任：（1）行政法律责任，实施体罚者应受到行政处分或行政处罚；（2）民事法律责任，实施体罚者所在单位承担民事赔偿责任；（3）刑事法律责任，实施体罚情节严重者应受到刑罚处罚。结合本案实际，学校作为王老师的所在单位，理应承担对袁华的民事赔偿，事后学校可以向王老师追偿。但由于未造成严重后果，加之王老师认错态度端正，且得到了家长的谅解，可免去行政处罚。

【法律依据】

《未成年人保护法》

第二十一条　学校、幼儿园、托儿所的教职员工应当尊重未成年人的人格尊严，不得对未成年人实施体罚、变相体罚或者其它侮辱人格尊严的行为。

第六十三条　学校、幼儿园、托儿所教职员工对未成年人实施体罚、变相体罚或者其他侮辱人格行为的，由其所在单位或者上级机关责令改正；情节严重的，依法给予处分。

《教师法》

第三十七条　教师有下列情形之一的，由所在学校、其他教育机构或者教育行政部门给予行政处分或者解聘：（一）故意不完成教育教学任务给教育教学工作造成损失的；（二）体罚学生，经教育不改的；（三）品行不良、侮辱学生，影响恶劣的。教师有前款第（二）项、第（三）项所列情形之一，情节严重，构成犯罪的，依法追究刑事责任。

【法博士点睛】

教育孩子除了要有耐心之外，还要讲究方法和技巧。

2.2 难以接受的"公示"——人格与隐私

【典型案例】

隐私权与知情权

西部某著名高校获得了一笔社会捐赠（钱、物若干），学校拟将其中一部分发放给家庭经济特别困难的学生，并有计划地为特困生安排一些勤工助学岗位，以缓解其经济困难。

校领导为把好事办好，维护学校的公平正义，经会议决定实行公正与透明的操作。校学生工作处在全校范围内发文通知，除了要求学生如实填写申报表外，各院系还必须在初步调查了解的基础上将特困生名单在校园网首页进行公示，在公示的两周内没有异议或者有异议但经调查不成立者，即可取得接受特困捐助和勤工助学岗位的资格。

数学与统计学院学生吴畏（化名）在申报表中不愿意、也没有填写父亲患有间歇性精神病的信息，但学校在核实后还是公示了这一信息。吴畏在取得捐助款和勤工助学岗位后，有同学在背后议论纷纷，说他可能遗传了父亲的间歇性精神病，使其自尊心受到了极大的伤害。于是，吴畏向学校提出交涉，要求学校赔礼道歉并赔偿2万元精神损失费。在与学校协商不成的情况下，吴畏于今年3月以"学校未经本人允许即将有关的家庭信息全校公示，侵犯了其个人隐私权"为由向法院提起诉讼。

【合作探究】

经过开庭审理,在案件评议过程中有两种观点:

一种观点认为,学校公示学生家庭情况,尤其是其父亲患有间歇性精神病的信息,涉及个人隐私,未经本人同意即公开,应构成侵权,作为被告的校方应承担侵权的赔偿责任。

另一种观点认为,虽然学校公示了该学生的家庭信息,但属于向社会公示公益活动信息,隐私权应"让路"公众知情权。另外,学生主动申请的行为默认视为其同意公示这一信息,故不构成侵权。

你同意哪种观点?简要说明理由。

【律师、法官点评】

本案争议的焦点是公民个人隐私权的保护问题。具体来看,该案中学校为公平起见,公示了特困学生相关的家庭信息,导致学生自尊心受到一定程度的伤害,属于隐私权与公众知情权之争。

隐私权,是指公民享有的私人生活安宁与私人信息依法受到保护,不受他人侵扰、知悉、使用、披露和公开的权利。侵害隐私权一般有以下几种行为或方式:(1)监视。即非法对他人的行踪、住宅、居所等进行监听、监视,侵犯他人的隐私权。例如,在他人居住的房间内安装监视器等;(2)偷窥、私自开拆他人信件或日记等。(3)私闯民宅。(4)公开披露或宣扬他人隐私。包括书面或口头擅自披露或宣扬他人的疾病史,生理缺陷,婚恋生活等私密。而公民的知情权,又称为知悉权、了解权,即公民对于国家的重要决策、政府的重要事务以及社会上当前发生的与普遍公民权利和利益密切相关的事件,有了解和知悉的权利。当个人隐私权与公众知情权发生冲突时,要最小化牺牲个人隐私权,为公众知情权"让路"。

就本案来说,对大学生的捐助和学校的勤工助学岗位属于公益事业,受到学校及社会的广泛关注。吴畏是在获知学校将捐助学生和提供勤工助学岗位的通知后，自己主动报名参加的。虽然在填写的申报表中没有写其父患有间歇性精神病的信息，但学校在通知中已说明按照调查的实际情况进行公示，吴畏既然主动填写了申请表也就等于他实际上默许学校对这部分隐私的使用。此时，他的家庭成员情况及家庭特困情况就不再单纯属于个人隐私的范畴了，更多的涉及了公共利益，即公众的知情权。因此，如果学校公示"吴畏的父亲患有间歇性精神疾病"的情况与实际情况没有出入的话，则这一公示不侵犯其个人隐私权。但学校的做法也有不妥之处——在查明实情后，学校应该征得学生同意后再进行公示。

【法律依据】

《宪法》

第三十九条　中华人民共和国公民的住宅不受侵犯。禁止非法搜查或者非法侵入公民住宅。

第四十条　中华人民共和国公民的通信自由和通信秘密受法律保护。

《侵权责任法》

第二条　侵害民事权益，应当依照本法承担侵权责任。本法所称民事权益，包括生命权、健康权、姓名权、名誉权、荣誉权、肖像权、隐私权、婚姻自主权、监护权、所有权、用益物权、担保物权、著作权、专利权、商标专用权、发现权、股权、继承权等人身、财产权益。

【法博士点睛】

当隐私权与公众知情权发生冲突时，要最小化牺牲个人隐私权，为公众知情权"让路"。

2.3 "榜上"有名——惩戒、教育与保护

【经典案例】

作弊的代价

来自陕西省某县山区的农家学子小童，以优异的成绩被某师范大学外国语学院录取，成了全村人的骄傲。进入大学后，小童保持着高中的勤奋刻苦劲儿，不仅学习用功，学生工作也没落下，待人真诚、能力突出的他是班上的"人气王"。转眼间，小童进入大三的学习，还有一年就可以顺利毕业走向社会，可谓前程似锦。可在此期间，一件意外的"小事"，却导致他有可能无法顺利取得大学毕业证书。

事情的发生还得从小童的同班同学小鑫说起。大三那年 10 月，小鑫因陪同父母检查身体不能及时返校，无法参加学校安排的一场选修科目考试，又担心补考耽搁时间且于学业无益。于是小鑫打电话给小童请求他帮忙替考。热心的"人气王"小童满口答应了下来。考试当天，他带着小鑫的相关证件走进了考场，结果被监考老师发现，报请校方对其进行处理。由于小童是学院的"明星"，这事即刻传开，同学们在背后议论纷纷。校方为了严肃校纪，最终做出了开除小童和小鑫学籍的决定。

小童这才对自己违反校纪的行为追悔莫及，他害怕因此失去在校学习

的机会，更怕让一辈子辛劳、朴实的父母蒙羞。小童和同学们都认为，学校不问前因后果，就开除了小童和小鑫的学籍，处分明显过重。小童多次向学校请求恢复学籍无果，遂向法院提起诉讼，要求学校恢复其学籍。法院经审理认为，小童虽违反了校规校纪，但认错态度良好，又属初犯，未造成严重后果。依照《普通高等学校学生管理规定》的有关条款，校方给予小童开除学籍的处分的确过重，应酌情给予其他处分。法院遂做出一审判决：撤销被告某师范大学校方做出的处分决定；某师范大学于判决书生效后十日内恢复原告小童和小鑫的学籍。

【合作探究】

1. 案例中小童的替考行为对吗，应该受到学校处分吗？
2. 学校处理方式合理吗？法院判决合理吗？

【律师、法官点评】

本案争论的焦点是学生在校违规违纪后，学校给予开除学籍的处分是否侵犯学生的受教育权的问题。

所谓受教育权，是指公民享有从国家接受文化教育的机会和获得受教育的物质帮助的权利。受教育权，是宪法赋予公民的一项基本权利，也是公民享有其他文化权利的前提和基础。学校、教师侵犯学生受教育权的常见形式之一就是随意开除学生学籍。

学校在教育教学和管理中，对那些严重违反学校纪律的学生，可以根据其规章制度进行处理，直至开除学籍。对此，我国相关法律法规有专门规定，例如教育部颁布的《普通高等学校学生管理规定》规定："替他人参加考试、组织作弊、使用通讯设备作弊及其他作弊行为严重的，学校可以给予开除学籍处分。"具体来看，本案中小童的违纪行为是否达到开除的程度，不仅看他有无替考行为，还应考量该行为所造成的影响是否达到了"严重的""恶劣的"程度。鉴于小童一贯表现不错，且有强烈的悔过之心，学校处理的时候应考虑这些因素。由此可见，学校做出的开除学籍处分明显过重，直接侵犯了小童作为学生享有的受教育权。小童因此而受到来自社会、父母、同学等各方面的压力，甚至是讥讽嘲笑，也在一定程度上侵犯了其人格尊严权。这与我国法律对未成年人一贯坚持的"教育为主，惩罚为辅"的原则相违背。对于违反校纪的学生，学校应该根据实际情况给予客观公正的处理，毕竟处分的目的是教育而不是打击。一味的纵容肯定培养不出好学生，而一味的惩罚也将与教育的初衷相背离。这也是法院判决撤销学校决定的一个法律依据。

在此，也要提醒同学们，在学校的生活和学习中必须以此为戒，要知道——作为学生，遵守学校的规章制度无疑是我们应尽的义务。2015年11月1日起正式实施的《刑法修正案（九）》正式将代替考试行为入刑，在刑法第二百八十四条后新增加一条，规定代替他人或让他人代替自己参加法律规定的国家考试的行为，将受到刑法的制裁。据此，在中考、高考、公务员考试、司法考试、执业医师资格考试、会计师资格考试、驾驶证考试等国家考试中替考，将受刑事处罚。

【法律依据】

《教育法》

第四十二条　受教育者享有下列权利：

（一）参加教育教学计划安排的各种活动，使用教育教学设施、设备、图书资料；

（二）按照国家有关规定获得奖学金、贷学金、助学金；

（三）在学业成绩和品行上获得公正评价，完成规定的学业后获得相应的学业证书、学位证书；

（四）对学校给予的处分不服向有关部门提出申诉，对学校、教师侵犯其人身权、财产权等合法权益，提出申诉或者依法提起诉讼；

（五）法律、法规规定的其他权利。

第四十三条　受教育者应当履行下列义务：

（一）遵守法律、法规；

（二）遵守学生行为规范，尊敬师长，养成良好的思想品德和行为习惯；

（三）努力学习，完成规定的学习任务；

（四）遵守所在学校或者其他教育机构的管理制度。

《普通高等学校学生管理规定》

第五十二条　学校给予学生的纪律处分，应当与学生违法、违规、违纪行为的性质和过错的严重程度相适应。

第五十四条　学生有下列情形之一，学校可以给予开除学籍处分：由他人代替考试、替他人参加考试、组织作弊、使用通讯设备作弊及其他作弊行为严重的；

第五十五条　学校对学生的处分，应当做到程序正当、证据充分、依据明确、定性准确、处分适当。

【法博士点睛】

违纪作弊应处分，但应合理合法。

第三讲

珍惜青春——校园健康

3.1 害人的"兄弟"——健康交友

【典型案例】

"铁哥们"带来的悲剧

宋明清（化名）出生在一个普通的公务员家庭里，虽不富裕但十分温馨。从小他就聪明好学，不仅学习成绩一直名列前茅，而且是班里的班长。初中毕业时，他以优异的成绩被保送到县里唯一的重点高中。进入高中后，他勤奋努力，积极参加学校活动，很快成了老师的宠儿，同学中的佼佼者，备受瞩目。为了在同学面前撑起"大哥"的门面，他还结识了一些社会青年，渐渐学会了抽烟、喝酒……宋明清为自己校内校外都"吃得开"的生活感到沾沾自喜，殊不知他的人

生轨迹已经开始慢慢偏离。回到家，他再也听不惯父母的唠唠叨叨；在学校，更听不进老师的屡屡劝诫。

可怜天下父母心，父母仍对宋明清抱有极大的希望。为了帮助孩子摆脱那些"朋友"，妈妈为宋明清办理了转学，到市区的一所重点中学就读。他也理解父母的良苦用心，暗下决心重新找回生活的节奏。功夫不负有心人，转学后的第一次期末考试他便从刚插班时的三十多名上升到了十多名。

高二那年寒假，回乡过年的宋明清与之前的"铁哥们"宋有（化名）不期而遇。热聊中，宋有抱怨着自己生活的种种不如意，还道出了一个从未对他人提起的秘密——女朋友园园背着自己跟别人行为不检点。宋有越说越气，借着酒劲，他请求宋明清帮自己教训教训园园。宋明清劝说无果，心想宋有也就是一时赌气，想找个机会口头上发泄发泄，便满口答应了下来。第二天晚饭后，宋明清如约前往与宋有约定的"小破屋"。人在门外就听见两人的争吵声，进屋一看发现两人已扭打作一团，宋有疾呼："哥们儿快点！"宋明清不经思索地举起铁棍朝园园大腿打去，园园抱腿痛哭、直呼救命。急了眼的宋明清再次将铁棍砸向园园，不料砸中了她的后脑勺。一个无辜少女就这样惨死在他们的手中……

就这样，17岁的宋明清迷迷糊糊掉进了犯罪的深渊。当冰冷的手铐铐住他的双手，无情的高墙电网隔断了往日的辉煌，他才幡然悔悟。只是，一切来得太晚了。

【合作探究】

1. 本案中宋明清是如何一步一步走向犯罪深渊的？
2. 结合生活实际，运用所学知识，请查阅有关资料，和同学们一起草拟一份"中学生交友指南"。

【律师、法官点评】

本案涉及未成年人因错交社会"朋友"，为了哥们义气而堕入违法犯罪深渊的问题。具体来看，该案件主人公宋明清的行为涉嫌故意伤害致人死亡，构成故意伤害罪。

故意伤害罪，是指故意非法伤害他人身体并达到一定的严重程度、应受刑法处罚的犯罪行为。本案从客观方面来说，宋明清的确实施了非法伤害他人身体的行为；从主观方面来说，宋明清的行为是主观故意的；从主体方面来说，案发时宋明清已年满17周岁，达到了刑事责任年龄。因此，宋明清的量刑适用《刑法》第二百三十四条的规定："故意伤害他人身体的，处三年以下有期徒刑、拘役或者管制。犯前款罪，致人重伤的，处三年以上十年以下有期徒刑；致人死亡或者以特别残忍手段致人重伤造成严重残疾的，处十年以上有期徒刑、无期徒刑或者死刑。"

在同学们身边，也存在拉帮结派、讲哥们义气、一人有事便邀约多人打群架斗殴，扰乱社会治安的现象。人在社会中生活，需要互帮互助；同学之间、朋友之间更应该守望相助。但是，不问青红皂白，乱帮一气，容易出问题。因此，同学们交朋友、帮朋友一定要三思而后行，切不要"一失足成千古恨"。如果朋友做了坏事，尤其是违法犯罪的事，不仅不能帮，而且要劝阻、制止、举报。如果不分是非曲直，最终害人害己。看见同学之间、朋友之间发生争吵、矛盾时，要努力从中斡旋、劝解，促进双方互谅互让，大事化小，小事化无，消除隔阂，化解矛盾，切勿火上浇油，激化矛盾。该案例警示同学们：打架斗殴，寻衅滋事是违法的，不仅违反了《治安管理处罚法》《预防未成年人犯罪法》等，严重的还会触犯《刑法》。

【法律依据】

《刑法》

第十七条 【刑事责任年龄】已满十六周岁的人犯罪，应当负刑事责任。

已满十四周岁不满十六周岁的人，犯故意杀人、故意伤害致人重伤或者死亡、强奸、抢劫、贩卖毒品、放火、爆炸、投毒罪的，应当负刑事责任。

已满十四周岁不满十八周岁的人犯罪，应当从轻或者减轻处罚。

因不满十六周岁不予刑事处罚的，责令他的家长或者监护人加以管教；在必要的时候，也可以由政府收容教养。

第二百三十四条 【故意伤害罪】故意伤害他人身体的，处三年以下有期徒刑、拘役或者管制。犯前款罪，致人重伤的，处三年以上十年以下有期徒刑；致人死亡或者以特别残忍手段致人重伤造成严重残疾的，处十年以上有期徒刑、无期徒刑或者死刑。

【法博士点睛】

与善人居，如入芝兰之室，久而不闻其香；与不善人居，如入鲍鱼之肆，久而不闻其臭。

3.2 早逝的生命——心理健康

【典型案例】

不该逝去的生命

某市一著名现代化全寄宿制高级中学，一向口碑良好、秩序井然。然而，上周二的清晨，高一学生廖某（16岁）的尸体却在科技楼东侧楼底被发现。据知情的老师称，廖某属于自杀，还留了一封遗书……

是什么让廖某动了轻生的念头呢？她在遗书中提到：曾经的同学现在成绩很好，她压力很大；父亲骂自己，而母亲不理解自己，甚至同学们也好像不欢迎自己……廖某的班主任熊老师（化名）回忆到：这学期刚开学的一天晚饭后，他发现廖某没有回到教室上晚自习，便发动全体班委一起在校园里到处寻找，最后在厕所里，发现其在用刀子自残。老师赶紧上前阻止，并耐心地开导廖某。当晚，廖某的母亲把她接回家中休息调整。

大约一周以后，望女成凤的廖某父母就向学校提出了复课申请。班主任熊老师建议廖某先把学习缓一缓，还耐心地向他们一家人介绍了心理健康的重要性。在了解到女儿可能产生了抑郁症倾向后，廖某的父母勉强接受了熊老师的建议，答应继续休假治疗。然而，短短一周后，廖某和父母又强烈要求立即复课，并主动写下了所谓的"安全保证书"交到学校。无奈之下，学校只能接受了廖某的复课申请。

没有想到，复课后不久（也就是出事的前一天），廖某向班主任提出请假两天，称妈妈要带她去看心理医生。班主任与其母亲电话联系后，得知情况属实，随即同意并批了假条。晚间，宿管查寝时发现廖某的床位是空的，默认廖某还在请假中，便没有向上通报。后来，警方调取学校监控发现，看完心理医生母亲就送廖某回到了学校，只是廖某没有回宿舍，也没有再回班级。

【合作探究】

1. 齐唱歌曲《倍儿爽》
2. 召开主题班会：抛弃负面情绪，培育健康心理。

【律师、法官点评】

本案涉及未成年人自杀这一社会痛点，其关键是未成年人心理健康的预防和保护问题。具体来看，本案中廖某自升入高中以后，学习成绩、人际关系等各方面的冲突给她带来了巨大的心理压力和负担。在这个过程中，暴露出廖某对事物反应敏感、自我调适能力差等心理特征。这是造成廖某自杀身亡的根本原因。在日常生活中，父母亲管教廖某的方式又较为简单粗暴，缺乏与孩子的沟通、交流，忽视了对孩子心理健康的教育。甚至在明知廖某已产生了抑郁倾向后，仍急于将孩子送回学校学习，而忽视了对孩子人格养成的教育。这是造成廖某自杀的重要原因。从学校方面来看，班主任老师应对问题积极、及时，在整个事件中发挥了一定的积极作用。根据《学生伤害事故处理办法》第十二条规定"学生自杀、自伤的，学校已履行了相应职责，行为并无不当的，无法律责任。"因此，学校是否应承担相应的责任，还需要看学校日常工作中有没有充分履行职责，如开设心理健康课程、成立心理辅导咨询室、开展心理压力疏导活动等。

据调查，在我国青少年死亡案例中，自杀超过车祸、疾病等，成为青少年人群的头号死因。心理专家认为，许多青少年自杀并不是罹患了精神疾病，而往往是冲动为之，缺乏积极的心理应急能力。在当前的教育背景下，无论是学校还是家长，都把注意力集中在了对孩子分数的关注或者"成材"的教育上，而忽视了对孩子心理健康的引导。这应该引起多方面警醒，同学们自身更应该充分重视这个问题，主动了解心理健康问题，学会培育健康的心理。

【法律依据】

《学生伤害事故处理办法》

第九条　因下列情形之一造成的学生伤害事故，学校应当依法承担相应的责任：（九）学校教师或者其他工作人员体罚或者变相体罚学生，或者在履行职责过程中违反工作要求、操作规程、职业道德或者其他有关规定的；

第十二条　因下列情形之一造成的学生伤害事故，学校应当依法承担相应的责任：……（四）学生自杀、自伤的……

【法博士点睛】

对于学生来说，应塑造阳光心态，通过积极沟通解决人际冲突，或者运用法律武器维护自己的合法权益。

3.3 不能偷食的"禁果"——异性健康交往

【典型案例】

懵懂青春酿苦果

16岁男孩石聪（化名），出生于四川的一个小镇，初中还没有毕业就去了深圳打工。由于既无学历支撑，又无一技之长，他在外闯荡一年多又回到了家乡的小镇上。

无事可做的石聪通过微信搜索在网上与初中学生小倩（13岁）相识。在交往过程中两人互生好感，确立了恋爱关系。不久后的一天晚上，石聪与小倩在网吧玩游戏一直到次日凌晨1时许。之后，石聪带着小倩回到自己的家中过夜。当晚，石聪明知小倩未满14周岁而与其"偷吃了禁果"。第二天早上，小倩奶奶找到他们并报警，石聪被抓获。

法院经审理后判决，被告人石聪明知被害人是未满14周岁的幼女，仍与对方发生性关系，其行为已构成了强奸罪，应依法惩处。虽然小倩是自愿的，而且石聪的家人也已向对方做出相应赔偿，然而情不敌法，石聪的行为已经触犯了法律，懵懂无知的男孩终将受到法律的惩罚。考虑到被告人石聪犯罪时未满18周岁，属于未成年人，且归案后能自愿认罪，如实供述其犯罪事实，故依法从轻处罚，判处其有期徒刑八个月。

【合作探究】

1. 你认为校园"早恋"有哪些危害？
2. 校园"早恋"大调查：我们应该如何与异性交往？

【律师、法官点评】

本案争议的焦点是当事人未成年，在双方已确立恋爱关系的情况下自愿发生了性关系，是否应定性为强奸。具体来看，本案中石聪明知"女友"未满14周岁而与其发生性关系的行为已构成强奸罪。

强奸（又叫性暴力、性侵犯或强制性交），是一种违背被害人的意愿，使用暴力、威胁或伤害等手段，强迫被害人进行性行为的一种行为。《刑法》第二百三十六条规定："强奸罪是指使用暴力、胁迫或者其他手段，违背妇女意志，强行与妇女发生性关系，或者奸淫不满14周岁幼女的行为。"由此可见，与年龄未满14周岁的女性发生性行为，无论该女性是否同意，都构成强奸罪。这样规定是为了保护幼女身心健康，因为过早的性行为势必妨碍幼女生长发育，也会影响幼女的心理健康和今后的人生轨迹。但考虑到案发时石聪未满十八周岁，双方自愿且没有造成严重后果，依法应当从轻、减轻或者免除处罚。

像石聪这样的新一代青少年，作为网络时代的"原住民"，获取信息的途径越来越多。而这些信息参差不齐，黄色淫秽信息大量渗透。青少年的性观念、性取向和性道德很容易发生偏移，加之法律意识淡薄。如果家庭、学校和社会在青少年的性健康教育这块继续缺位，其后果或潜在的社会影响将非常可怕。当然，倡导性教育，绝不只是性知识普及，而是一项人格教育。这是一项系统工程，不仅需要学校、家庭、社会通力合作，青少年自己洁身自好才是关键。

【法律依据】

《刑法》

第二百三十六条　以暴力、胁迫或者其他手段强奸妇女的，处三年以上十年以下有期徒刑。奸淫不满十四周岁的幼女的，以强奸论，从重处罚。

强奸妇女、奸淫幼女，有下列情形之一的，处十年以上有期徒刑、无期徒刑或者死刑：

（一）强奸妇女、奸淫幼女情节恶劣的；

（二）强奸妇女、奸淫幼女多人的（一般为三人以上）；

（三）在公共场所当众强奸妇女的；

（四）二人以上轮奸的；

（五）致使被害人重伤、死亡或者造成其他严重后果的。

最高人民法院《关于行为人不明知是不满十四周岁的幼女，双方自愿发生性关系是否构成强奸罪问题的批复》

行为人明知是不满十四周岁的幼女而与其发生性关系，不论幼女是否自愿，均应依照刑法第二百三十六条第二款的规定，以强奸罪定罪处罚。行为人确实不知对方是不满十四周岁的幼女，双方自愿发生性关系，未造成严重后果，情节显著轻微的，不认为是犯罪。

【法博士点睛】

幸福的爱情都是一种模样，而不幸的爱情却各有各的成因，最常见的原因有两个：太早，或者，太迟。

第四讲

避风的港湾——青少年的生命安全权

4.1 食品中毒——食品安全

【典型案例】

学校食堂外包的风险

两年前的一天，四川省某小学发生了一起食物中毒事件，约50名学生在午饭后不久出现了头昏、呕吐等症状，随后被送往附近卫生院治疗。同时，学校立即将所有就餐师生送往附近卫生院进行排查诊断。

有学生家长称，中午孩子吃过学校食堂炒饭、茄子等后出现以上中毒症状。事件发生后，当地卫生部门立即介入调查。

经实地调查及对呕吐物等的检测表明，学生因食用没有冷藏的米饭导致头昏、呕吐，学校食堂的卫生状况堪忧。原来，早在事发前一年，学校就将食堂以每年28000元的价格承包给教师家属何某经营，承包期限为两年。法院经审理认为，这一做法违反了四川省教育厅颁布实施的《四川省学校食堂食品安全管理办法》的相关规定，即"义务教育阶段的学校食堂应由学校自主经营，统一管理，不得对外承包。"法院做出判决，要求区有关部门对涉事小学校长陈某等分别予以免职处理，并要求全区终止义务教育阶段学校食堂对外承包合同，由学校自主经营；食堂不达标的学校，则须限期整改到位，否则吊销《餐饮服务许可证》。

【合作探究】

1. 校园出现食品安全事件，学校要承担责任吗？学校承担什么责任？
2. 作为学生，你可以为校园食品安全做些什么？

【律师、法官点评】

本案涉及校园安全问题中的食品安全问题。具体来看，本案中学生食用了学校食堂的午餐后出现食物中毒的症状，这暴露出学校对学生在校期间的饮食安全问题不够重视，对食品安全管理的政策和法律落实不到位。这侵犯了学生的生命健康权，同时侵犯了学生作为消费者的安全保障权、公平交易权、知悉真情权等。

学校食堂向学生提供的食品不符合卫生标准，造成大批学生食用后中毒，属于学校责任事故，校方应承担事故责任。学校责任事故是指学校由于疏忽或过失，未尽到相应的教育管理职责而造成学生受伤害的事故，学校对此承担过错责任。它包括："学校提供的教育教学设施、设备不符合国家安全标准或有明显的不安全因素；学校的管理制度存在明显疏漏或者管理混乱，存在重大安全隐患；学校教职工在履行教育教学职责中违反有关要求及操作规程；学校组织课外活动时未进行安全教育或未采取必要的防范措施；学校统一提供的食品、饮用水不符合安全及卫生标准；学校知道及应该知道学生特异体质、疾病,而在教学活动中没有给予应有的注意;学校违反规定安排未成年学生从事不适宜未成年人参加的活动。"

近年来,学生中毒、食堂不卫生、学校周边餐馆卫生不达标等新闻频频曝出,令人心惊。这里边有学校的责任,更是整个社会大环境食品不安全的一个缩影,不容分毫懈怠。在此案例中,学生因食用了未按规定冷藏的米饭而导致出现高烧、呕吐等不良反应,事件的根源就在于学校违规将食堂外包,并且没有能够严格进行食品的卫生检验,造成不卫生的食品进入校园。学校必须采取有效救治措施,立即排除危险因素,并且对由此造成的人身健康损害及其他经济损失进行赔偿。在本案中,中毒人数众多,达到50余人,死亡6人,属于较大的学校食物中毒事故。受伤学生的家长以及其他监护人可以要求校方赔偿医疗费、因误工减少的收入、残废者生活补助费等费用;死亡学生的家长以及其他监护人可以要求校方赔偿丧葬补助费以及死亡赔偿金。具体的赔偿数额则需依据《最高人民法院关于审理人身损害赔偿案件适用法律若干问题的解释》来处理。

【法律依据】

《民法通则》

第一百一十九条　侵害公民身体造成伤害的,应当赔偿医疗费、因误工减少的收入、残废者生活补助费等费用;造成死亡的,并应当支付丧葬费、死者生前扶养的人必要的生活费等费用。

《中华人民共和国食品安全法》

第九十五条　违反本法规定,县级以上地方人民政府在食品安全监督管理中未履行职责,本行政区域出现重大食品安全事故、造成严重社会影响的,依法对直接负责的主管人员和其他直接责任人员给予记大过、降级、撤职或者开除的处分。违反本法规定,县级以上卫生行政、农业行政、质量监督、工商行政管理、食品药品监督管理部门或者其他有关行政部门不履行本法规定的职责或者滥用职权、玩忽职守、徇私舞弊的,依法对直接负责的主管人员和其他直接责任人员给予记大过或者降级的处分;

造成严重后果的,给予撤职或者开除的处分;其主要负责人应当引咎辞职。

《学校食物中毒事故行政责任追究暂行规定》

第二条　对学校食品卫生负有监管责任的地方卫生行政部门、教育行政部门以及学校的主要负责人和直接管理责任人不履行或不正确履行食品卫生职责等失职行为,造成学校发生食物中毒事故的,应当追究行政责任。本规定适用于各级各类全日制学校以及幼儿园。

第五条　本规定中的食物中毒事故按照严重程度划分为:

(一)重大学校食物中毒事故,是指一次中毒100人以上并出现死亡病例,或出现10例及以上死亡病例的食物中毒事故。

(二)较大学校食物中毒事故,是指一次中毒100人及以上,或出现死亡病例的食物中毒事故。

(三)一般学校食物中毒事故,是指一次中毒99人及以下,未出现死亡病例的食物中毒事故。

【法博士点睛】

民以食为天,食以安为先。

《食品安全法》是保障你我合法权益的法律武器。

4.2 踩踏伤亡——校园公共安全

【典型案例】

"要命"的棉花垫

前不久,云南省某小学发生了一起踩踏事故,造成学生6人死亡、26人受伤。事故发生后,市民纷纷到学校门外献花、默哀,悼念不该逝去的小生命。

据调查了解,该小学午休楼住有一、二年级各5个班的学生,其中一间寝室住了58名学生,楼梯口宽度仅为1.13米。事发当日,学校午休后响起上课预备铃,学生们急着回教室上课。一名学生回忆称,一楼的楼道口转角处放置有两个体育教学用的棉花垫,很多同学出于好奇涌上前玩闹,致棉花垫翻倒压住了几个同学。后下楼的同学不知情便踩了上去,致使现场哭喊吵闹混乱一片。该学生称,当时现场有老师,但并没有能够阻止悲剧的发生。

原来,事发头天下午,学校的体育老师李某某将两块教学用的海绵垫子临时靠放在宿舍楼过道处。事故初查原因公布后,市公安机关对该校校长李某、分管校园安全工作的副校长杨某、体育老师李某某三人,以涉嫌教育设施重大安全事故罪,依法刑事拘留。另外,七名相关责任人被停职或免职:市教育局副局长王某、区政府副区长陆某、区教育局局长李某、区街道办事处分管安全生产的副主任石某停职检查;免去区教育局分管校园安全工作的副局长李某等人的职务。

【合作探究】

1. 以小组为单位，搜集近几年发生的一些踩踏事故，制作幻灯片与全班交流。

2. 在遇到踩踏情况时，我们该如何保护自身安全？

【律师、法官点评】

本案涉及校园安全事故中的踩踏事故。具体来看，这次校园安全事故发生的直接原因是学生打闹、顽皮，而根本原因则是学校及其上级领导部门组织、管理和相关处置预案工作做得不够。云南省某小学作为一个优质的学校，在安全管理上却不及格。

按照国家规范标准，每个学生宿舍不能住超过6人，但该午休楼最多的一间竟然住了58名学生，远远超过国家标准。楼梯口宽度仅为1.13米，仅够两人通过，短时间内让500多人通过，现实的危险显而易见。因此，该午休楼的修建违反了国家规定，被告校长李某、副校长杨某作为校园安全的第一、第二责任人，对午休楼安全负有不可推卸的法律责任，是二人的不作为导致了事故的发生。而作为海绵垫的保管人和使用者，教师李某某对该教学设施负有安全使用和保管职责，但其没有按规定处理，而是随意放在午休楼通道里，也没有采取措施消除隐患。

事故的起因归属于"人祸"，相关部门也已承担了其相应的责任。但是，我们不能仅仅停留在处置了某个领导和抓几个"肇事者"就了事这个层面，而应进行深刻反思，并拿出反思的成果，避免此类事件再次上演。从这次惨痛的事件中我们应吸取两方面的教训，一是管理层面，二是个人层面：一方面，应当建立一个由教育部门牵头，家长和专业人士参与的，对学校安全进行日常考察和评估的机制，定期公布校园及周边的安全情况，通过主动防范，敦促问题学校及时改善安全状况，从而避免踩踏以及其他校园悲剧的发生。另一方面，同学们应该掌握一些特殊情况下的自救常识，譬如在人流量大时我们应该保持什么样的状态可以尽最大可能地降低风险等。更重要的是，我们在遇到突发事件时，要保持镇静，不要慌乱。人一旦慌乱，做出的选择往往是最错误的，要坚决规避。

【法律依据】

《刑法》

第一百三十八条　【教育设施重大安全事故罪】明知校舍或者教育教学设施有危险，而不采取措施或者不及时报告，致使发生重大伤亡事故的，对直接责任人员，处三年以下有期徒刑或者拘役；后果特别严重的，处三年以上七年以下有期徒刑。

《中小学幼儿园安全管理办法》

第六十一条　教育、公安、司法行政、建设、交通、文化、卫生、工商、质检、新闻出版等部门，不依法履行学校安全监督与管理职责的，由上级部门给予批评；对直接责任人员由上级部门和所在单位视情节轻重，给予批评教育或者行政处分；构成犯罪的，依法追究刑事责任。

第六十二条　学校不履行安全管理和安全教育职责，对重大安全隐患未及时采取措施的，有关主管部门应当责令其限期改正；拒不改正或者有下列情形之一的，教育行政部门应当对学校负责人和其他直接责任人员给予行政处分；构成犯罪的，依法追究刑事责任。

【法博士点睛】

安全来自长期警惕，事故源于瞬间麻痹。

4.3 体育课猝死——教学安全

【典型案例】

运动会中的"意外"

一日中午,某中学高一年级利用午休时间组织了一次小型趣味运动会。比赛进行到一半,一位名叫小岩的女生突然倒地失去了知觉,还伴随有口吐白沫、脸色青紫、大小便完全失禁等症状。班主任闻讯立即拨打了120急救电话,并迅速请来学校的医护人员,做了心肺复苏术。随后120救护车赶到,将小岩送往了医院。到达医院时小岩已处于完全昏迷状态,皮肤失去了弹性,双腿僵直。经救护医生诊断表明病人送到医院时已经死亡。

据小岩家长介绍,小岩生前身体健康,平时喜欢体育运动,每天上下学都坚持步行。正因如此,家长一时难以接受孩子离世的结果。他们认为,孩子是在校期间发生的意外,且死因不明,校方理应对此负全责。学校则认为,像这样的意外事件防不胜防,并非学校管理上的不当造成。况且,每年学校都组织了学生体检,从未发现小岩患有疾病或者存在有碍身体健康的隐患。由于双方在责任承担和赔偿问题上争议不下,小岩父母将学校告上了法庭。

【合作探究】

近年来,学校体育教学活动中的猝死事件时有发生。出于安全考虑,国内一些大中小学校纷纷取消长跑、双杠、铅球等"危险"体育项目。学生的身体素质相应地受影响,跑不远、跳不高,就像一个个"瓷娃娃"。你如何看待这种现象?

【律师、法官点评】

本案争议的焦点是学生在学校的教学活动中死亡,校方该不该、以及如何承担责任的问题。具体来看,本案中小岩在体育活动中心跳骤停死亡,死前未受任何外部创伤,这在医学上属于典型的运动猝死。

运动猝死是指在运动过程中或运动后 24 小时内发生的非创伤性意外死亡。[①] 其诱因可能是先天性或隐性的心肌炎等心脏病,这类疾病在平常体检中难以检测出来。值得注意的是,运动猝死也有先兆,例如运动中或运动后出现的胸痛、胸闷、头痛、晕厥、心动过速、异常的呼吸困难等。一旦发现这些情况,应采取急救措施,例如:将患者平卧;拍击其面颊并呼叫;用手触摸患者颈动脉确定没有脉搏时,立刻进行人工呼吸并持续到专业急救人员赶到现场。实施这方面的救护行为,就有可能最大限度地挽救患者的宝贵生命。

回到案例本身,学校该不该承担责任还需看学校在日常管理和整个事件中有无过错。首先,趣味运动会这项活动符合体育教学大纲的规定,参加这类活动对于身体健康的中学生而言,并未超出体力承受能力范围。其次,小岩平时身体健康,事发前并未表现出明显不适,现场组织的老师无法预见,也就不可能采取防范措施,如不安排其参加这项活动等。最后,事件发生后,校方及时拨打了急救电话并协助专业救护人员救治,不存在救护措施不力或延误救治的问题。综上所述,学校在管理方面不存在渎

---

① 唐培. 运动与猝死 (J), 中国运动医学杂志. 1990;9 (1): 31

职、失职的行为。但是，运动会是在午饭后不久就进行的，在这一时间组织此类竞技活动显然是不适宜的，因为一些外部诱因也会引发猝死，如饱食后运动，运动后立即热水浴等。如果经法医尸检证明该女生的运动猝死与饱食后运动有因果联系，学校则应当承担相应的责任。

【法律依据】

《最高人民法院关于贯彻执行〈民法通则〉若干问题的意见（试行）》

第一百六十条 在幼儿园、学校生活、学习的无民事行为能力人或者在精神病院治疗的精神病人，受到伤害或者给他人造成伤害，单位有过错的，可以责令这些单位适当给予赔偿。

《最高人民法院关于审理人身损害赔偿案件适用法律若干问题的解释》

第七条 对未成年人依法负有教育、管理、保护义务的学校、幼儿园或者其他教育机构，未尽职责范围内的相关义务致使未成年人遭受人身损害，或者未成年人致他人人身损害的，应当承担与其过错相应的赔偿责任。

【法博士点睛】

安全重于泰山。

综合探究　　　　学校生活中的法律

单元活动设计二：平安校园　依法治校

【探究活动目标】

学习、了解与学校生活息息相关的法律知识；

掌握未成年人校园犯罪的相关知识，提高防范能力；

为校园侵权行为的防治提出建议。

【探究活动建议】

查阅资料，学习《教育法》《义务教育法》等法律；

以校园欺凌事件为例，探讨针对校园侵权行为的解决之道；

在同学、老师之间进行调查活动，了解本校校园侵权情况；

总结发言。

【探究路径参考】

※　学一学

学校是港湾，法律是保障。为促进青少年健康成长，我国《教育法》《义务教育法》《未成年人保护法》和《学生伤害事故处理办法》等法律法规对未成年人在学校生活中的合法权益及其保障方面做了许多专门规定。

1. 请查阅《教育法》《义务教育法》《未成年人保护法》和《学生伤害事故处理办法》等法律法规，学习了解未成年人在学校生活中的权利和义务，明确学校保护的内容、形式和作用。

2. 自定主题，自选形式，以班级为单位，举行一次关于"学校保护"的法制知识活动。

※ 评一评

近年来，"校园暴力"事件和低龄未成年人严重犯罪案件频发，未满14周岁的未成年人实施杀人、强奸等恶性案件的新闻也不时见诸报端，让人非常痛心。校园暴力往往团伙性较强，部分案件中的未成年人作案手段残忍、不计后果，引起社会强烈反响。

请以学习小组为单位，收集一个"校园暴力"案例，并以法官或律师的身份，对该案例进行分析点评。（提示：可从"校园暴力"的成因、危害、法律后果及其对策等角度入手。）

※ 做一做

依法治校、依法施教是学校保护未成年人的重要内容。请你就本校依法治校、依法施教的情况开展社会调查（可采取访谈、问卷等形式），了解本校在保护师生合法权利、促进学生健康成长以及校园侵权等方面的情况，总结本校在依法治校方面的亮点并指出其中存在的不足，以小组为单位，撰写调查报告，分享解决之道。

【探究之总结】

加强学校保护，建设和谐校园

学校是学生茁壮成长的摇篮，法律是未成年人遮风避雨的屏障。学校教育是预防和矫正未成年人违法犯罪的重要环节。学校保护在未成年保护中有举足轻重的作用。学校等教育机构要充分履行保护未成年人的职责，全面贯彻落实国家的教育方针，帮助未成年人全面发展；尊重未成年人的人格尊严，不得对学生进行体罚或变相体罚；尊重未成年人的受教育权，不得随意开除未成年学生；保护未成年人在学校活动中的人身安全和财产安全等。

《未成年人保护法》规定了学校对未成年学生负有保护的义务，《教育法》《教师法》《学生伤害事故处理办法》等法律法规共同筑起了学校保护未成年人的法律屏障，学校应坚持依法治校、依法施教的原则，承担起保护学生的社会责任和法律责任。

在学校生活中，中学生要珍惜受教育的权利，切实履行受教育的义务，努力学习科学文化知识和法律知识，提升法律素养，争做遵纪守法的好学生、好公民。

第三编 03
社会生活中的法律

第一讲

用我们的双手创造美好的明天——劳动权

1.1 如此"讨薪"——维权途径

【典型案例】

还我"血汗钱"

赵某、钱某、孙某和李某是同村人。去年年初,他们一起到浙江某工地打工。工地老板周某因资金周转不良,和他们约定每月支付1500元工资供他们日常花销,其余工资在年末一次性付清。到了年末,周某需支付四人余下工资共计50000元。四人多次向周某讨要工资,周某均以资金周转不良为由拒不支付。

眼看马上就要过年,四人再次前往工地向周某讨薪。周某表示:因工程款尚未全部到位,只能支付37000元,余下13000元下次再支付。赵某等四人家中贫困，家庭收入主要依靠自己外出务工。四人表示：由于周某长期拖欠工资，家中小孩上学的学费至今还没有着落，因此四人坚持要求拿到全部工资50000元。双方互不相让，争执起来。

争执中，周某及工作人员郝某、黄某骂了赵某。赵某等人听后愤怒不已，要"教训教训"周某三人。愤怒的赵某带着三人冲了过去，并捡起工地上的木板与对方打斗起来。郝某被打倒在地死亡，黄某也被打伤。经鉴定，郝某系头部遭受钝性物体打击致重度颅脑损伤死亡，黄某构成轻伤一级。

检察机关认为，赵某、钱某、李某、孙某共同故意非法损害他人身体健康，并致一人死亡、一人轻伤，均应当以故意伤害罪追究其刑事责任。其中，赵某和钱某起主要作用，是主犯；李某和孙某起次要作用，是从犯。检察机关对四人涉嫌犯罪的行为向法院提起公诉。

办案检察官提醒，劳动者可以通过协商、投诉、仲裁或向人民法院提起诉讼等途径维护自己的合法权益。如果对法律诉讼流程不熟悉，还可以向司法局申请法律援助。

【合作探究】

1. 赵某等人侵犯了郝某、黄某的什么权利？
2. "劳动者权益保护"海报设计

以小组为单位，围绕"劳动者权益保护"这一主题，设计一期海报。具体要求如下：

（1）海报可设多个栏目，每一栏目必须紧扣主题；

（2）国内外劳动者权益受侵害案例，国内外保护劳动者权益措施都可作为内容；

（3）内容充实，版面设计合理；

（4）人人参与，合作完成。

【律师、法官点评】

本案是一起劳动者暴力维权致使他人受伤、死亡的案件，涉及农民工应如何讨要工资，维护自身合法权益的问题。

我国《劳动法》规定：劳动者付出劳动，有按照劳动合同及国家有关法律法规取得报酬的权利，用人单位有及时足额地向劳动者支付劳动报酬的义务。生命健康权是公民享有一切权利的基础，包含生命权和健康权，凡非法致人伤亡的行为均属侵害生命健康权的行为。所有公民都享有生命安全不被危害、非法剥夺的权利。

本案中的讨薪者为了维护自身合法权利，采用暴力方式，致一人轻伤，一人死亡，非法损害了他人身体健康，非法剥夺了他人生命，其行为已触犯《刑法》，构成犯罪。《刑法》第二百三十四条规定：故意伤害他人身体的，处三年以下有期徒刑、拘役或者管制。犯前款罪，致人重伤的，处三年以上十年以下有期徒刑；致人死亡或者以特别残忍手段致人重伤造成严重残疾的，处十年以上有期徒刑、无期徒刑或者死刑。根据《刑法》此规定，讨薪者赵某等人将承担相应的刑事责任。

当前，我国社会还存在侵犯劳动者合法权益的现象。欠薪行为着实可恶，但劳动者讨薪也要注意方式方法，暴力讨薪并不可取。作为劳动者，当我们的合法权利受到侵犯时，可以通过协商、投诉、仲裁和向人民法院提起诉讼等途径维护自己的合法权益。若采取非法手段维护自己的合法权益，往往得不偿失。

【法律依据】

《劳动法》

第一条　为了保护劳动者的合法权益，调整劳动关系，建立和维护适应社会主义市场经济的劳动制度，促进经济发展和社会进步，根据宪法，制定本法。

第三条 劳动者享有平等就业和选择职业的权利、取得劳动报酬的权利、休息休假的权利、获得劳动安全卫生保护的权利、接受职业技能培训的权利、享受社会保险和福利的权利、提请劳动争议处理的权利以及法律规定的其他劳动权利。

劳动者应当完成劳动任务，提高职业技能，执行劳动安全卫生规程，遵守劳动纪律和职业道德。

第九十一条 用人单位有下列侵害劳动者合法权益情形之一的，由劳动行政部门责令支付劳动者的工资报酬、经济补偿，并责令支付赔偿金：

（一）克扣或者无故拖欠劳动者工资的；

（二）拒不支付劳动者延长工作时间工资报酬的；

（三）低于当地最低工资标准支付劳动者工资的；

（四）用人单位解除劳动合同后，未按本法规定给予劳动者经济补偿的。

《刑法》

第二百三十四条 故意伤害他人身体的，处三年以下有期徒刑、拘役或者管制。

犯前款罪，致人重伤的，处三年以上十年以下有期徒刑；致人死亡或者以特别残忍手段致人重伤造成严重残疾的，处十年以上有期徒刑、无期徒刑或者死刑。本法另有规定的，依照规定。

【法博士点睛】

暴力讨薪，得不偿失。理性办事，依法维权。

1.2 "猝死"的博士——休息休假的权利

【典型案例】

过劳死

张某是某名牌大学计算机硕士，毕业后，品学兼优的他顺利进入某IT公司工作。因工作业绩突出，被公司派到某科技园参与公司项目的封闭开发工作。因为项目进度要求高，难度大，作为项目负责人的张某在没有加班工资的情况下经常加班到凌晨，第二天上午又照常上班。

持续将近半个月的白天黑夜"连轴转"成了压垮张某的最后一根稻草。终于，张某如厕时猝死在公司租住酒店的马桶上面。而当日凌晨1点他还发出了最后一封工作邮件。在与妈妈的电话里他还说道："我太累了。"母亲怎么也无法接受儿子已经离去的事实，她不理解为什么平时身体健康、工作能力极强的儿子怎么说没就没了。

张某猝死事件看似偶然，却隐含着必然。

现在，很多企业提倡无偿加班，大力宣扬"为了公司事业可以不顾一切"的企业文化，中青年员工往往上有老、下有小，生活压力大，责任心与事业心又强，很多公司正是利用他们的忠诚与上进，最大限度地挖掘他们的潜能，最终导致悲剧的发生。企业为了效率、项目进度和业绩，迫使员工长时间加班，对员工造成的健康损失却是无形的，难以估量的。

【合作探究】

1. 当前哪些行业无节制加班最为严重，如何才能根治无节制加班现象？

2. 问卷调查

以小组为单位，在学校内进行有关作息时间的问卷调查，各组分别调查一个层次班级的教师和同学的作息时间，并对调查结果进行统计、分析，形成调查报告。

具体要求如下：

（1）小组内部分工合作，人人参与，共同完成；

（2）每一小组分别调查一个层次班级的教师和同学，形成本层次班级的调查结果后还应横向对比其他层次班级的情况；

（3）调查报告由全组统一完成，内容应包括：调查目的、调查对象、调查时间、调查方法、调查内容、调查结果、调查结论等。

【律师、法官点评】

本案是一起侵犯劳动者取得劳动报酬权利和安全卫生保护权的案件。

取得劳动报酬的权利，即劳动者付出劳动，有权按照劳动合同及国家有关法律法规取得报酬。《劳动法》规定：在标准工作日内安排劳动者延长工作时间的，支付不低于工资的150%的工资报酬；休息日安排劳动者工作又不能安排补休的，支付不低于工资的200%的工资报酬；法定休假日安排劳动者工作的，支付不低于300%的工资报酬。公司应该照此规定支付劳动者加班的相应报酬。张某长期在无加班工资的情况下加班，因此该企业侵犯了张某取得劳动报酬的权利。

劳动保护权包含安全卫生环境条件获得权、取得劳动保护用品的权利、获得法律规定的休息时间的权利、定期健康检查权、依法获得特殊保护的权利、拒绝权。获得法律规定的休息时间的权利也即休息权,指劳动者享有的让自身体力和脑力得到恢复,获得充实与发展而不受非法干扰的权利。企业应当保证劳动者充足的休息时间;在持续高强度的劳动状态下,企业应当采取相应措施,保障劳动者休息质量。张某因公司项目长期无节制加班,严重危害身体健康,最终猝死。涉案企业严重侵犯张某劳动保护权。

根据新修订的《工伤保险条例》"在工作时间和工作场所内,因工作原因受到事故伤害属于工伤"的规定,本案中,张某生前持续高强度加班,直接导致猝死,应当被视为工伤。其工伤赔付应当由丧葬补助金、供养亲属抚恤金和一次性工亡补助金构成。

保护劳动者的合法权利,避免张某式的悲剧,需要多方共同努力。立法机关应不断完善相关法律法规;劳动保障部门和执法部门应加大检查力度,重拳打击无节制加班行为;优秀员工是企业最宝贵的财富,企业应关心爱护员工,自觉维护劳动者的合法权利。

对每个普通劳动者而言,我们应当对自己的工作认真负责,忠于自己的事业,这是各行业基本的职业道德,也是对社会主义核心价值观"敬业"的诠释。但是,"敬业"是建立在身体健康的基础之上的,没有健康的身体,何谈其它?

【法律依据】

《劳动法》

第三十六条　国家实行劳动者每日工作时间不超过八小时、平均每周工作时间不超过四十四小时的工时制度。

第三十七条　对实行计件工作的劳动者,用人单位应当根据本法第三十六条规定的工时制度合理确定其劳动定额和计件报酬标准。

第三十八条　用人单位应当保证劳动者每周至少休息一日。

第三十九条　企业因生产特点不能实行本法第三十六条、第三十八条规定的,经劳动行政部门批准,可以实行其他工作和休息办法。

第四十条　用人单位在下列节日期间应当依法安排劳动者休假：元旦、春节、国际劳动节、国庆节等其他休假节日。

第四十一条　用人单位由于生产经营需要，经与工会和劳动者协商后可以延长工作时间，一般每日不得超过一小时；因特殊原因需要延长工作时间的，在保障劳动者身体健康的条件下延长工作时间每日不得超过三小时，但是每月不得超过三十六小时。

第四十四条　有下列情形之一的，用人单位应当按照下列标准支付高于劳动者正常工作时间工资的工资报酬：

（一）安排劳动者延长工作时间的，支付不低于工资的百分之一百五十的工资报酬；

（二）休息日安排劳动者工作又不能安排补休的，支付不低于工资的百分之二百的工资；

（三）法定休假日安排劳动者工作的，支付不低于工资的百分之三百的工资报酬。

【法博士点睛】

事业诚可贵，健康价更高。

1.3 劳动者意外致残——工伤的认定与保障

【典型案例】

艰难的赔偿

小赵在某建筑劳务公司做建筑工人，但并未与公司签订劳动合同，公司也没有为小赵办理工伤保险。小赵在一次干活时被滑落的木方砸伤，导致右手骨折。经劳动能力鉴定委员会鉴定，伤残等级为9级。

前期治疗花去了小赵打工的所有积蓄，后续的治疗费用还没有着落，同时，因为无法工作，小赵还面临着巨大的生活压力。小赵找到公司要求赔偿，可公司却拒不接受，无奈的小赵只好将公司告上法庭。

经法院调解，公司负责人李某同意赔偿9.5万元给小赵，双方达成了书面协议。可李某却迟迟不肯支付相应款项。

为生活所迫的小赵来到李某公司讨要赔偿金，未曾想公司办公室已人去楼空。

就在小赵准备离去时遇到前来追讨赔偿金的工友王师傅。王师傅在工作时不慎被铁屑贯穿了左眼，经鉴定为8级伤残，经双方协商，李某同意赔偿王师傅9万多元，但王师傅同样也没有拿到赔偿金。

最终，二人再次向法院申诉，要求强制执行协议，法院判决强制执行。法院依法查找到李某的公司新址，对其进行搜查，并查封该公司，扣留了负责人李某，并勒令其清还两名工人赔款共计18.5万元。

【合作探究】

1. 案件中的小赵和王师傅在工作中受伤，被认定为工伤，如果是在工作之外受伤，还属于工伤吗？

2. 情景剧表演：根据本课所学知识，以小组为单位进行情景剧展演。具体要求如下：

（1）题目、内容自定，但需围绕工伤及其认定的主题；

（2）具有一定的教育意义；

（3）情节设计得当，舞台表演得体。

【律师、法官点评】

本案是一起拖欠工伤赔付款案件。根据《工伤保险条例》"劳动者在从事职业活动或者与职业活动有关的活动时所遭受的不良因素的伤害和职业病伤害"的规定，案件中小赵和王师傅虽然没有与公司签订正式的劳动合同，但是双方的劳动关系事实上是成立的。二人均属于在工作时间和工作场所，因工作原因受到事故伤害，应当认定为工伤。

根据《重庆市工伤保险实施办法》关于工伤赔付的规定，工伤赔付应包含：医疗费、康复费、伙食补助费、交通食宿费、护理费、停工留薪期工资、伤残辅助器具费、根据伤残级别确定的补助金等。工伤职工治疗所需的挂号费、住院费、医疗费、药费、就医路费应全额报销。工伤职工需要住院治疗的，按照当地因公出差伙食补助标准的2/3发给住院伙食补助费，经批准转外地治疗的，所需交通、食宿费用按照本企业职工因公出差标准报销。工伤职工在工伤医疗期内停发工资，改为按月发给工伤津贴。工伤津贴标准相当于工伤职工本人受伤前12个月平均工资收入。李某应当按照规定赔付小赵和王师傅相应款项。

用人单位在追求经济利益的同时，也要承担企业责任，为员工提供相应的卫生、安全保障，购买相应工伤保险。如果出现工伤事故，用人单位应当对员工进行赔偿。劳动者应当在工作中注意保护自己的人身安全。

劳动者在发生工伤事故时，应当用法律武器保护自己的合法权益。发生工伤后，首先应判断是否属于工伤的范围，再寻求证据来证明劳动关系的存在（如劳动合同、工作证、上岗证、工资条等），并明确单位是否已经申请工伤认定。如果没有，劳动者需在一年内申请工伤认定，再根据相应标准计算赔偿额度，并依法向用人单位申请赔付。

【法律依据】

《工伤保险条例》

第十四条　职工有下列情形之一的，应当认定为工伤：

（一）在工作时间和工作场所内，因工作原因受到事故伤害的。

（二）工作时间前后在工作场所内，从事与工作有关的预备性或者收尾性工作受到事故伤害的。

（三）在工作时间和工作场所内，因履行工作职责受到暴力等意外伤害的。

（四）患职业病的。

（五）因工外出期间，由于工作原因受到伤害或者发生事故下落不明的。

（六）职工在合理时间内往返于工作地与配偶、父母、子女居住地的合理路线的上下班途中发生事故的。

（七）法律、行政法规规定应当认定为工伤的其他情形。

第十五条　职工有下列情形之一的，应当视同为工伤：

（一）在工作时间和工作岗位，突发疾病死亡或者在48小时内经抢救无效死亡的。

（二）在抢险救灾等维护国家利益、公共利益活动中受到伤害的。

（三）职工原在军队服役，因战、因工致残，已取得伤残军人证，到用人单位后旧伤复发的。

第十六条　职工有下列情形之一的，不得认定为工伤或者视同工伤：

（一）因故意犯罪；

（二）醉酒导致伤亡的；

（三）自残或者自杀的。

【法博士点睛】

不要让劳动者流汗流血又流泪。

第二讲

放心消费，享受"上帝"的权利——消费者权益保护

2.1 高昂的代价——都是"质量"惹的祸

【典型案例】

失控的"变速箱"

央视 315 晚会曝光了某品牌汽车变速箱问题，涉及旗下诸多车型。

据消费者描述："汽车在行驶中突然失去动力，等两秒钟后，又突然窜出去了。"此前，国家质检总局就变速箱故障问题约谈了该企业相关代表，要求该企业尽快采取措施，解决变速箱故障问题。随后，质检总局缺陷产品管理中心向社会公开征集相关故障信息。此后，该企业宣布将对之前生产的部分七速、六速自动变速箱进行软件升级，排除

故障，并将质量担保期延长至 10 年或 16 万公里。但是，所谓的"软件升级"并没有解决问题，不少进行过软件升级的消费者表示问题依旧存在。

据报道，该企业对中国大陆和其他国家及地区使用两套处理标准。有关信息显示，几年前，该车企在北美地区召回了 1.35 万辆搭载该款变速箱的汽车。唯独在中国，面对层出不穷的变速箱问题，不仅没有进行有效的处理，反而不断推出搭载了该款变速箱的汽车。截至此次曝光前，中国大陆市场仍存在约 50 万辆搭载该款变速箱的汽车。

央视曝光后不久，该车企才根据《缺陷汽车产品召回管理条例》的要求，向国家质检总局备案了召回计划，召回旗下涉事车型共计 384181 辆。

【合作探究】

1. 该企业的行为侵犯了消费者的哪些权利，这次召回事件对我国质检工作有何启示？

2. 模拟法庭

原告：变速箱问题车主

被告：某汽车公司

因变速箱问题，原告要求法院判处被告召回问题汽车，被告否认变速箱普遍存在问题，并拒绝召回。

班级以小组为单位进行分工，每小组分别扮演：原告、被告、双方律师、法官、书记员、法警等角色，在法官主持下进行庭审。

【律师、法官点评】

这是一起因汽车产品缺陷而引发的侵犯消费者权利的案件。所谓汽车产品缺陷，是指由于设计、制造等方面的原因而在某一批次、型号或类别的汽车产品中普遍存在的具有同一性的危及人身、财产安全的不合理危险，或者不符合有关汽车安全的国家标准的情形。

本案中，该品牌汽车的变速箱存在严重故障，有巨大的安全隐患，危及驾乘人员生命财产安全。《缺陷汽车产品召回管理规定》第四条规定，售出的汽车产品存在本规定所称缺陷时，制造商应按照本规定中主动召回或指令召回程序的要求，组织实施缺陷汽车产品的召回。因此，本案中的汽车制造商应该按照规定主动召回或按照主管部门的要求，召回缺陷汽车产品。令人遗憾的是，该汽车制造商却对中国大陆和国外市场持两套标准，非但没有及时召回中国大陆市场问题产品，反而不断推出搭载了该款变速箱的汽车，置民众生命财产安全于不顾。这样做不仅违反了《缺陷汽车产品召回管理规定》，还严重侵犯了消费者的合法权益。根据《消费者权益保护法》第十九条规定，经营者发现其提供的商品或者服务存在缺陷，有危及人身、财产安全危险的，应当立即向有关行政部门报告和告知消费者，并采取停止销售、警示、召回、无害化处理、销毁、停止生产或者服务等措施。采取召回措施的，经营者应当承担消费者因商品被召回支出的必要费用。同时《产品质量法》也规定，生产者应当对其生产的产品质量负责，产品质量应当不存在危及人身、财产安全的不合理的危险。在多方努力下，涉事企业最后不得不根据《缺陷汽车产品召回管理条例》等相关法律的规定，向国家质检总局备案了召回计划，召回旗下涉事车型共计384181辆，这才避免了更多的事故的发生，保障了消费者的合法权益。

保障产品质量，建立良好的市场秩序，维护消费者合法权益，需要多管齐下，多方努力。立法机关和行政管理部门应当加强对产品质量的立法和监管工作；生产者、销售者应当建立健全内部产品质量管理制度，严格实施岗位质量规范、质量责任以及相应的考核办法，并依法承担产品质量责任；从事产品质量检验、认证的社会中介机构必须依法设立，依法依规履行职责；作为消费者，当我们的合法权利受到侵犯时，应该勇敢地拿起法律的武器维护自身合法权益。

【法律依据】

《家用汽车产品修理、更换、退货责任规定》

第十条　家用汽车产品应当具有中文的产品合格证或相关证明以及产

品使用说明书、三包凭证、维修保养手册等随车文件。

第十九条 在家用汽车产品包修期内，因产品质量问题每次修理时间（包括等待备用件时间）超过5日的，应当为消费者提供备用车，或者给予合理的交通费用补偿。

第二十条 在家用汽车产品三包有效期内，符合本规定更换、退货条件的，消费者凭三包凭证、购车发票等由销售者更换、退货。

家用汽车产品自销售者开具购车发票之日起60日内或者行驶里程3000公里之内（以先到者为准），家用汽车产品出现转向系统失效、制动系统失效、车身开裂或燃油泄漏，消费者选择更换家用汽车产品或退货的，销售者应当负责免费更换或退货。

在家用汽车产品三包有效期内，发生下列情况之一，消费者选择更换或退货的，销售者应当负责更换或退货：

（一）因严重安全性能故障累计进行了2次修理，严重安全性能故障仍未排除或者又出现新的严重安全性能故障的；

（二）发动机、变速器累计更换2次后，或者发动机、变速器的同一主要零件因其质量问题，累计更换2次后，仍不能正常使用的，发动机、变速器与其主要零件更换次数不重复计算；

（三）转向系统、制动系统、悬架系统、前/后桥、车身的同一主要零件因其质量问题，累计更换2次后，仍不能正常使用的；

转向系统、制动系统、悬架系统、前/后桥、车身的主要零件由生产者明示在三包凭证上，其种类范围应当符合国家相关标准或规定，具体要求由国家质检总局另行规定。

第二十一条 在家用汽车产品三包有效期内，因产品质量问题修理时间累计超过35日的，或者因同一产品质量问题累计修理超过5次的，消费者可以凭三包凭证、购车发票，由销售者负责更换。

第三十条 在家用汽车产品包修期和三包有效期内，存在下列情形之一的，经营者对所涉及产品质量问题，可以不承担本规定所规定的三包责任：

（一）消费者所购家用汽车产品已被书面告知存在瑕疵的；

（二）家用汽车产品用于出租或者其他营运目的的；

（三）使用说明书中明示不得改装、调整、拆卸，但消费者自行改装、调整、拆卸而造成损坏的；

（四）发生产品质量问题，消费者自行处置不当而造成损坏的；

（五）因消费者未按照使用说明书要求正确使用、维护、修理产品，而造成损坏的；

（六）因不可抗力造成损坏的。

第三十一条　在家用汽车产品包修期和三包有效期内，无有效发票和三包凭证的，经营者可以不承担本规定所规定的三包责任。

【法博士点睛】

生命需要阳光，幸福需要安全。

2.2 早产的牛奶——延后生产日期

【典型案例】

虚构的日期

9月5日，市民小张惊讶地发现，货架上的酸奶生产日期竟然是9月8日。经新闻媒体曝光，该市某牛奶公司逾3.2万盒奶制品虚标生产日期事件引发关注。

此后，该市质监局通过官方微博发布了处罚决定：责令整改虚假标注产品生产日期的违法行为；没收违法生产的乳制品及含乳饮料32280盒（杯、袋）；按违法事实处罚限额的最高限度处以罚款441000元整。

对此，许多民众和专家认为，处罚太轻、企业违法成本过低。该市质监局负责人在接受记者采访时表示，处罚太轻完全是一种误读，质监部门处罚的依据是认定的事实而非主观感受，处罚额度也是以查处认定的货值金额和认定的违法事实为基础的。

【合作探究】

1. 虚标生产日期是乳制品行业公开的秘密，在法制不断健全的今天，这些"行业惯例"将何去何从？

2. 议一议

记者向一些乳品企业进行了咨询，得到的回答是，提前标注日期在业内是允许的，但必须是有限制的标注。比如鲜奶，从当晚 10 时起连续生产至第二天的，可以在包装上标注第二天的日期，其他情况则不允许提前标注。

请以"提前标注生产日期是否合理"为题，举行一次辩论会，授课教师负责辩论会指导工作。

正方：提前标注生产日期合理

反方：提前标注生产日期不合理

【律师、法官点评】

这是一起违反《食品安全法》虚标生产日期的案件。该牛奶公司虚标生产日期违反了《食品安全法》第五十条"食品生产企业应当建立食品原料、食品添加剂、食品相关产品进货查验记录制度，如实记录食品原料、食品添加剂、食品相关产品的名称、规格、数量、生产日期或者生产批号、保质期、进货日期以及供货者名称、地址、联系方式等内容，并保存相关凭证"的规定。

食品安全无小事，虚标生产日期会对消费者造成误导，严重危害身体健康。《食品安全法》第一百二十四条规定：生产经营标注虚假生产日期、保质期，尚不构成犯罪的，由县级以上人民政府食品药品监督管理部门没收违法所得和违法生产经营的食品、食品添加剂，并可以没收用于违法生产经营的工具、设备、原料等物品；违法生产经营的食品、食品添加剂货值金额不足一万元的，并处五万元以上十万元以下罚款；货值金额一万元以上的，并处货值金额十倍以上二十倍以下罚款；情节严重的，吊销许可证。

该市质监局依法对生产企业进行了处罚，并通过微博及时向社会公布处理结果，是值得肯定的。

当前我国食品行业虚标生产日期的现象并非个例。解决这一顽疾，需要立法机关不断完善相关法律法规，各执法部门齐抓共管；需要企业改进技术，提高产品质量，延长产品保质期；还需要社会舆论的监督，更需要我们每一位消费者在购买保质期短、易变质商品时，认真检查生产日期和保质期，发现虚标生产日期和销售过期的食品时及时举报。

【法律依据】

《食品安全法》

第三十九条　食品经营者采购食品，应当查验供货者的许可证和食品出厂检验合格证或者其他合格证明。

食品经营企业应当建立食品进货查验记录制度，如实记录食品的名称、规格、数量、生产日期或者生产批号、保质期、进货日期以及供货者名称、地址、联系方式等内容，并保存相关凭证。记录和凭证保存期限应当符合本法第五十条第二款的规定。

《消费者权益保护法》

第十九条　经营者发现其提供的商品或者服务存在缺陷，有危及人身、财产安全的，应当立即向有关行政部门报告和告知消费者，并采取停止销售、警示、召回、无害化处理、销毁、停止生产或者服务等措施。采取召回措施的，经营者应当承担消费者因商品被召回支出的必要费用。

第二十条　经营者向消费者提供有关商品或者服务的质量、性能、用途、有效期限等信息，应当真实、全面，不得做虚假或者引人误解的宣传。

第二十三条　经营者应当保证在正常使用商品或者接受服务的情况下其提供的商品或者服务应当具有的质量、性能、用途和有效期限；但消费者在购买该商品或者接受该服务前已经知道其存在瑕疵，且存在该瑕疵不违反法律强制性规定的除外。

【法博士点睛】

民以食为天，食以安为先。

《食品安全法》是保障你我合法权益的法律武器。

2.3 "要命"的快递——谁来赔偿消费者的损失

【典型案例】

山东快件案

山东刘先生收到某快递派送的自己网购的儿童鞋,打开包裹几小时后,刘先生开始出现呕吐、腹痛等症状。刘先生被送进医院急救,终因抢救无效死亡。

医院诊断死因为有毒化学液体氟乙酸甲酯中毒。在抢救刘先生的同时,其妻焦女士也出现了呕吐、腹痛等症状,被送进了重症监护室。

事后查明,该快递由湖北 A 公司发往山东 B 公司,A 公司违规收寄的装有氟乙酸甲酯的快件在投递过程中发生泄漏,污染了其他快件,最终导致 8 人中毒,其中 1 人死亡。

事后,湖北省邮政管理局通报,收寄快件的 A 公司由于收寄验视不规范,被依法吊销快递业务经营许可证。山东省邮政管理局责令 B 公司在全省开展安全整顿。

【合作探究】

1. "要命"快递侵犯了消费者的哪些权利?

2. 你还知道哪些物品是禁止邮寄的呢？

3. 自主学习汇报

小组自行搜集我国民营快递企业发展历程以及所遇到的问题，将成果以调查报告的形式向全班同学汇报。

要求：内容全面，重点突出，汇报过程顺畅。

【律师、法官点评】

这是一起严重危害消费者人身安全的责任事故，责任企业违规收寄的明令禁止的危化品发生泄漏，污染其他快递，最终导致刘先生在收到快递后中毒身亡。

为加强对邮政市场的监督管理，保护用户合法权益，促进邮政业健康发展，适应经济社会发展和人民生活需要，我国制定了《邮政法》和《快递市场管理办法》。

《办法》规定：武器、弹药、麻醉药物、生化制品、传染性物品和爆炸性、易燃性、腐蚀性、放射性、毒性等危险物品禁止寄递。《邮政法》第七十五条规定：邮政企业、快递企业不建立或者不执行收件验视制度，或者违反法律、行政法规以及国务院和国务院有关部门关于禁止寄递或者限制寄递物品的规定收寄邮件、快件的，对邮政企业直接负责的主管人员和其他直接责任人员给予处分；对快递企业，邮政管理部门可以责令停业整顿直至吊销其快递业务经营许可证。用户在邮件、快件中夹带禁止寄递或者限制寄递的物品，尚不构成犯罪的，依法给予治安管理处罚。有前两款规定的违法行为，造成人身伤害或者财产损失的，依法承担赔偿责任。

据湖北省邮政管理局通报，收寄快件的A公司由于收寄验视不规范，将被依法吊销快递业务经营许可证。对B公司在责任事故发生后的迟报行为，山东省邮政管理部门也依据《邮政法》和《快递市场管理办法》相关规定对B公司作出了两万八千元的处罚。并在全省通报批评，同时责令B公司在全省开展安全整顿，严格落实收寄验视制度，强化安全生产意识，提高识别违禁物品的能力，坚决杜绝类似事件的发生，确保寄递渠道安全畅通。

　　根据《侵权责任法》第四十四条，因运输者、仓储者等第三人的过错使产品存在缺陷，造成他人损害的，产品的生产者、销售者赔偿后，有权向第三人追偿。因快递公司工作环节过失造成员工或消费者死亡的，还可按责任事故来量刑，快递公司或相关人员应负刑事责任。

　　快递公司、危化品寄送人应当对受害者进行相应赔偿并承担刑事责任。

　　伴随网购的兴起，物流行业市场不断扩张的同时，快递行业面临的挑战也不断增大。为推进快递行业规范化发展，我国实行了快递实名制。寄快件需要寄件人出示身份证、登记个人信息，然后快递业务员将寄件人身份证号码和手机号录入一个由公安部门安装的特殊软件。

　　我们在邮寄快递的时候，应当选择正规快递并依照规定，出示身份证件，不邮寄违禁物品；收快递时，检查无误后再拆开，并拒收来历不明的快递。

【法律依据】

《消费者权益保护法》

　　第七条　消费者在购买、使用商品和接受服务时享有人身、财产安全不受损害的权利。消费者有权要求经营者提供的商品和服务，符合保障人身、财产安全的要求。

　　第十一条　消费者因购买、使用商品或者接受服务受到人身、财产损害的，享有依法获得赔偿的权利。

　　第十八条　经营者应当保证其提供的商品或者服务符合保障人身、财产安全的要求。对可能危及人身、财产安全的商品和服务，应当向消费者作出真实的说明和明确的警示，并说明和标明正确使用商品或者接受服务的方法以及防止危害发生的方法。

　　第十九条　经营者发现其提供的商品或者服务存在缺陷，有危及人身、财产安全危险的，应当立即向有关行政部门报告和告知消费者，并采取停止销售、警示、召回、无害化处理、销毁、停止生产或者服务等措施。采取召回措施的，经营者应当承担消费者因商品被召回支出的必要费用。

《侵权责任法》

第四十四条 因运输者、仓储者等第三人的过错使产品存在缺陷，造成他人损害的，产品的生产者、销售者赔偿后，有权向第三人追偿。

【法博士点睛】

千里快递，安全为先。

第三讲

遵守交通规则，安全出行——道路交通安全法

3.1 酒驾的代价——"名嘴"醉驾案

【典型案例】

"醉驾"？"罪驾"？

高某某醉酒后驾驶一辆越野车，行驶时发生交通事故，致4车追尾、3人受伤。经交警现场检测，高某某每百毫升血液中酒精含量为243.04毫克，超过醉酒驾车入罪标准达两倍之多。

检查机关以危险驾驶罪对高某某提起公诉，法院开庭审理了此案。高某某本人对公诉机关的指控无异议，称全部认罪并愿意赔偿受害人损失，对受害者表示道歉，并拒绝了律师的辩

护，悔罪诚意明显。

鉴于高某某的悔罪表现，公诉人也请求法院从轻量刑。法院经审理认为，被告高某某违反法律规定，在道路上醉酒驾驶机动车，致4车追尾、3人受伤，其行为危害了公共安全，已构成危险驾驶罪，依法应予以刑罚处罚，遂当庭作出判决：依法判处其拘役6个月，并处罚金4000元。

【合作探究】

1."酒驾"严重威胁道路交通安全，你认为应当如何解决这一社会顽疾？

2."醉驾联播"

请你搜集近期因醉驾而发生的交通事故，1∶1模拟新闻联播的形式在班级播出，并做一个以"拒绝酒驾，安全出行"为主题的图片展。

【律师、法官点评】

这是一起违反《道路交通安全法》的醉驾案件。醉驾是指在因饮酒而完全丧失或部分丧失个人意志的状态下驾驶机动车的行为，每百毫升血液酒精含量大于20毫克就算酒后驾驶，大于80毫克即为醉酒驾驶。高某某醉酒驾车，严重侵犯他人生命财产权，危及公共安全，已构成危险驾驶罪。

根据《道路交通安全法》第九十一条规定："醉酒驾驶机动车的，由公安机关交通管理部门约束至酒醒，并吊销机动车驾驶证，依法追究刑事责任，五年内不得重新取得机动车驾驶证。"高某某醉酒后在道路上驾驶机动车，并造成严重安全事故，危害他人生命财产安全的行为应按照《刑法》第一百三十三条"在道路上醉酒驾驶机动车的，处拘役，并处罚金"的规定进行处罚。

道路交通安全联系着千家万户，遵守交通规则容不得半点马虎。汽车越来越普及，我国的道路交通文明建设还任重道远。作为一名驾驶人，应当遵守道路交通安全法规,既是对自己负责,也是对他人负责。高某某作为公众人物,更应该模范地遵守道路交通安全法规。

【法律依据】

《道路交通安全法》

第九十一条　饮酒后驾驶机动车的,处暂扣六个月机动车驾驶证,并处一千元以上二千元以下罚款。因饮酒后驾驶机动车被处罚,再次饮酒后驾驶机动车的,处十日以下拘留,并处一千元以上二千元以下罚款,吊销机动车驾驶证。醉酒驾驶机动车的,由公安机关交通管理部门约束至酒醒,吊销机动车驾驶证,依法追究刑事责任,五年内不得重新取得机动车驾驶证。

《刑法》

第一百三十三条　危险驾驶罪是指在道路上驾驶机动车;追逐竞驶,情节恶劣的;醉酒驾驶机动车的;从事校车业务或者旅客运输,严重超过定额乘员载客,或者严重超过规定时速行驶的;违反危险化学品安全管理规定运输危险化学品,危害公共安全的行为。在道路上醉酒驾驶机动车的,处拘役,并处罚金。

【法博士点睛】

远离酒驾,平安回家。

平安出行始于心,拒绝酒驾践于行。

驾车滴酒不沾,一生平安相伴。

3.2 法不责众——"中国式过马路"

【典型案例】

形同虚设的"红灯"

2012 年 10 月 10 日,"中国式过马路"这一名词在网络疯传。网友们将"中国式过马路"解释为:"中国式过马路,就是凑够一撮人就可以走了,和红绿灯无关。"这一解释得到人们的广泛认同。

几日后《新闻直播间》节目播出"中国式过马路:十字路口 1 小时 600 人闯红灯"的专题报道,在街头,很多路口的红绿灯基本形同虚设,在行驶的车流中冒险穿行的路人不在少数。

交警反映:有部分市民明明知道该走地下通道,却放着专门给行人设计的地下通道不走,宁可冒险横穿马路。有的还一边打着电话,一边在观察旁边穿梭的车辆,只要路面上的车流暂时中断,哪怕是面对红灯,很多人也是"勇往直前"。为了快速通过路口,人不让车,车不让人,所以车辆剐蹭行人的事故就经常发生。

其实,大多数行人都有从众心理。只要有一个人带头闯红灯,后面闯的人就多;如果大部分人都遵守交通规则,即便有人想闯红灯也不好意思。

【合作探究】

1. 请分析"中国式过马路"的原因及其解决措施。

2. 当前,很多城市都在创建全国文明城区,但"中国式过马路"依然存在,请以小组为单位,以"文明城区你我共建,城区文明你我共享"为题,起草一份倡议书,具体要求如下:

(1) 紧扣"遵守交通规则,文明过马路"这一主题;

(2) 语言简练、得体,富有感染力;

(3) 可加入漫画、网络流行词汇等。

【律师、法官点评】

本案中集体闯红灯的"中国式过马路"是违反《道路交通安全法》的违法行为。

《道路交通安全法》第六十二条的规定:"行人通过路口或者横过道路,应当走人行横道或者过街设施;通过有交通信号灯的人行横道,应当按照交通信号灯指示通行;通过没有交通信号灯、人行横道的路口,或者在没有过街设施的路段横过道路,应当在确认安全后通过。"集体闯红灯行为违反了该法之规定。

集体闯红灯行为的背后是人们法律意识淡薄,道路交通安全素养不够。在过马路时,本应当严格遵守交通信号灯,但是现实中,部分人不顾交通信号,凑齐人数之后,强行过马路,以为"法不责众",就无所顾忌。"集体闯红灯"虽是生活中的小事,却是违反《道路交通安全法》的大事。闯红灯不仅仅是违法行为,更严重的是可能构成犯罪,如果由此引发交通事故,行人将承担相应责任。

现阶段有关部门加大了对"中国式过马路"治理的执法力度,在派出大量执法人员的同时,还召集了一大批志愿者维护道路交通秩序。为此动用了大量人力物力,成本较为高昂。但是由于部分行人交通安全意识缺乏，法律意识淡薄，执法效果并不理想。

解决"中国式过马路"，既需要立法部门进一步完善法律法规，执法部门加大执法力度；又需要每一位公民提高法律意识和道德水平，遵守交通法规，从我做起，从小事做起，自觉维护道路交通安全；还需要国家完善道路交通设施，科学规划修建立交桥、人行天桥、地下通道，合理设置红绿灯信号等。

【法律依据】

《道路交通安全法》

第一条 为了维护道路交通秩序，预防和减少交通事故，保护人身安全，保护公民、法人和其他组织的财产安全及其他合法权益，提高通行效率，制定本法。

第二条 中华人民共和国境内的车辆驾驶人、行人、乘车人以及与道路交通活动有关的单位和个人，都应当遵守本法。

第六十一条 行人应当在人行道内行走，没有人行道的靠路边行走。

第六十二条 行人通过路口或者横过道路，应当走人行横道或者过街设施；通过有交通信号灯的人行横道，应当按照交通信号灯指示通行；通过没有交通信号灯、人行横道的路口，或者在没有过街设施的路段横过道路，应当在确认安全后通过。

第六十三条 行人不得跨越、倚坐道路隔离设施，不得扒车、强行拦车或者实施妨碍道路交通安全的其他行为。

第六十四条 学龄前儿童以及不能辨认或者不能控制自己行为的精神疾病患者、智力障碍者在道路上通行，应当由其监护人、监护人委托的人或者对其负有管理、保护职责的人带领。盲人在道路上通行，应当使用盲杖或者采取其他导盲手段，车辆应当避让盲人。

第六十五条 行人通过铁路道口时，应当按照交通信号或者管理人员的指挥通行；没有交通信号和管理人员的，应当在确认无火车驶临后，迅速通过。

第六十六条　乘车人不得携带易燃易爆等危险物品，不得向车外抛洒物品，不得有影响驾驶人安全驾驶的行为。

【法博士点睛】

穿马路，跨护栏，少公德，多危险。

3.3 被刑拘的"受害者"——行人也要守交规

【典型案例】

老人骑车撞翻小伙，小伙反被刑拘

近日，交警一大队接到报警称，在大学城某门口，一名老人骑电动车摔倒在地。当交警赶到现场时，受伤的老人已被120送往医院急救，最终抢救无效死亡。

报警者没有目击事发过程，只是看到老人躺在地上后报警。通过现场勘查，老人是骑车撞人后倒地的。通过寻访目击证人证实：老人骑车由东向西行驶，电动车车头撞到了行人的腿部，行人无大碍，但老人摔倒在地。此后民警通过调看监控和大量走访，锁定肇事者李某。

据李某供述，自己翻越护栏横穿马路被骑电动车的老人撞击腿部，随后老人倒地，看见老人一动不动，自己便躲在现场周围观察情况，发现民警当时并没有找到他，就抱着侥幸心理继续躲避。李某因涉嫌交通肇事逃逸已被刑事拘留。

【合作探究】

1. 行人在横穿马路时被撞，正常行驶的机动车驾驶人需要承担责任吗?

2. 请以小组为单位,制作一副宣传行人遵守交规的宣传报。

要求:图文并茂,通俗明了,感染力强。

【律师、法官点评】

这是一起"交通肇事逃逸"案件。本案争议的焦点是被撞小伙应否对老人的死亡承担责任。

"交通肇事逃逸",是指行为人在发生交通事故后,为逃避法律追究而逃跑的行为。李某在违规穿越护栏被撞后,没有采取相应急救措施,致使老人死亡,已构成交通肇事逃逸。根据我国《刑法》规定:交通肇事后逃逸,并已构成交通肇事罪的,将受到3年以上7年以下有期徒刑的刑事处罚。如果因逃逸致人死亡的,将受7年以上有期徒刑的处罚。

李某在禁止行人通过的路段翻越道路护栏,横穿马路,影响电动车正常行驶,引发交通事故,骑车老人倒地受伤后,肇事者不仅没有及时采取补救措施,反而逃逸,严重威胁道路交通安全,并最终导致老人死亡。根据我国《道路交通安全法》第六十三条"行人不得跨越、倚坐道路隔离设施,不得扒车、强行拦车或者实施妨碍道路交通安全的其他行为"的规定,李某翻越道路护栏,横穿马路的行为构成违法。其为违法行为与骑车老人倒地受伤构成因果关系。事发后李某选择逃逸,老人不治而亡。根据《道路交通安全法》第九十二条"发生交通事故后当事人逃逸的,逃逸的当事人承担全部责任。但是,有证据证明对方当事人也有过错的,可以减轻责任。当事人故意破坏、伪造现场、毁灭证据的,承担全部责任。"的规定,李某的行为已经涉嫌"交通肇事逃逸罪",应承担法律责任。

本案中的李某,交通违法行为在先,逃逸在后,最终难逃法网。其行为给骑车老人也给自己留下了永远的遗憾。这警示我们一定要遵守交通安全法规,即便出现交通事故,也应当第一时间报警,寻求交通警察的帮助,不逃避责任。

行人虽然是道路交通安全中的弱势群体,但同样受到道路交通法律法规约束，违反道路交通安全法规必将受到相应惩罚。一次不经意的横穿马路，付出的却是血的代价和无尽的悔恨。

【法律依据】

《刑法》

第一百三十三条　违反交通运输管理法规，因而发生重大事故，致人重伤、死亡使公私财产遭受重大损失的，处三年以下有期徒刑或者拘役；交通肇事后逃逸或有其他特别恶劣情节的，处三年以上七年以下有期徒刑，因逃逸致人死亡的，处七年以上有期徒刑。

《道路交通安全法》

第六十三条　行人不得跨越、倚坐道路隔离设施，不得扒车、强行拦车或者实施妨碍道路交通安全的其他行为。

第一百零一条　违反道路交通安全法律法规的规定，发生重大交通事故，构成犯罪的，依法追究刑事责任，并由公安机关交通管理部门吊销机动车驾驶证。

【法博士点睛】

交通安全无小事，行人也要守交规。

第四讲

自律自警——健康上网

4.1 "熊猫烧香"——天才少年的高级病毒

【典型案例】

"毒王"

短短的两个多月时间,一种名为"熊猫烧香"的病毒不断入侵个人电脑、感染门户网站、击溃数据系统,给上百万个人用户、网吧及企业局域网用户带来无法估量的损失,被评为年度"毒王"。

不久,湖北省公安厅宣布侦破了制作传播"熊猫烧香"病毒案,抓获病毒作者李某。"天才少年"李某,从小对机械和电脑感兴趣,数学、英语成绩优异。技校毕业后进入电脑城工作,接触到"电脑病毒"后便一发不可收拾,自学自编了病毒"熊猫烧香"。据其供述,他编写了"熊猫烧香"病毒并在网上广泛传播,以自己出售和由他人代卖的方式,在网络上将该病毒销售给120余人,非法获利10万余元。

经审理,法院以破坏计算机信息系统罪判处李某有期徒刑四年、并判决李某的违法所得予以追缴,上缴国库。

【合作探究】

1. 在使用电脑的过程中,你还遇到过哪些计算机病毒,它们有什么危害呢?

2. 辩论会

以"网络技术的发展为我们带来了什么"为题,在班级内举行一场辩论会。

正方观点:网络技术的发展利大于弊。

反方观点:网络技术的发展弊大于利。

【律师、法官点评】

本案是一起破坏计算机系统案件。

计算机病毒即在计算机程序中插入的破坏计算机功能或者数据的代码,从而影响计算机使用。计算机病毒复制能力极强,危害性极大。一经植入即可快速蔓延,中毒后的计算机正常程序无法运行,存放的文件也会受到不同程度的破坏,甚至会破坏计算机硬件环境。案件中李某制作、传播计算机病毒,给社会带来巨大危害,已构成破坏计算机信息系统罪。

我国《刑法》第二百八十六条规定:破坏计算机信息系统罪是指违反国家规定,对计算机信息系统功能进行删除、修改、增加、干扰,造成计算机信息系统不能正常运行,或者对计算机信息系统中存储、处理或者传输的数据和应用程序进行删除、修改、增加的操作,或者故意制作、传播计算机病毒等破坏性程序，影响计算机系统正常运行，后果严重的行为。犯此罪的，处五年以下有期徒刑或者拘役；后果特别严重的，处五年以上有期徒刑。依据此规定，李某应承担相应的刑事责任。

"熊猫烧香"计算机病毒直接导致上百万个人用户、网吧及企业局域网用户遭受感染和破坏，造成的经济损失，社会影响难以估量，属于"后果特别严重"。"熊猫烧香"病毒的制作、传播者的行为已涉嫌构成"破坏计算机信息系统罪"，依法应处五年以上有期徒刑。

随着信息技术的进步，计算机病毒的制作与传播变得越来越简单，这对网络安全部门提出了很大的挑战。

青少年越来越多地接触网络世界，他们对新事物接受能力强，兴趣浓厚，对信息技术的学习很快，我们应当把自己良好的学习能力用于学习信息技术，服务我们的生活与工作。同时，在使用计算机的过程中应当注意：不使用盗版或来源不明的软件，尤其是杀毒软件，并安装正版、有效的杀毒软件；对第三方程序使用杀毒软件进行检查，未经检查的可执行文件不能拷入硬盘；同时，定期进行检测和文件备份，从而提高防范计算机病毒，安全使用电脑等互联网设备的能力。

【法律依据】

《治安管理处罚法》

第二十九条　有下列行为之一的，处五日以下拘留；情节较重的，处五日以上十日以下拘留：

（一）违反国家规定，侵入计算机信息系统，造成危害的；

（二）违反国家规定，对计算机信息系统功能进行删除、修改、增加、干扰，造成计算机信息系统不能正常运行的；

（三）违反国家规定，对计算机信息系统中存储、处理、传输的数据和应用程序进行删除、修改、增加的；

（四）故意制作、传播计算机病毒等破坏性程序，影响计算机信息系统正常运行的。

《刑法》

第二百八十五条　违反国家规定，侵入国家事务、国防建设、尖端科学技术领域的计算机信息系统的，处三年以下有期徒刑或者拘役。

第二百八十六条　违反国家规定，对计算机信息系统功能进行删除、修改、增加、干扰，造成计算机信息系统不能正常运行，后果严重的，处五年以下有期徒刑或者拘役；后果特别严重的，处五年以上有期徒刑。

违反国家规定，对计算机信息系统中存储、处理或者传输的数据和应用程序进行删除、修改、增加的操作，后果严重的，依照前款的规定处罚。

故意制作、传播计算机病毒等破坏性程序，影响计算机系统正常运行，后果严重的，依照第一款的规定处罚。

【法博士点睛】

要善于网上学习，不浏览不良信息；要诚实友好交流，不侮辱欺诈他人；要增强自护意识，不随意约会网友；要维护网络安全，不破坏网络秩序；要有益身心健康，不沉溺虚拟时空。

——《全国青少年网络文明公约》

4.2 青年才俊的网吧生活——网络游戏惹的祸

【典型案例】

网吧是我"家"

吉林省某"985工程"大学附近有一家不起眼的网吧，大学生靳某某在这里住了四年半。两个行李箱，一卷卫生纸，一瓶水和一双拖鞋是他的全部家当。

当年以优异的成绩考入这所著名学府计算机专业后，他就喜欢上了玩网络游戏，经常和同学们一起上网吧娱乐。他喜欢英雄，爱看武侠小说，所以他特别喜欢玩英雄类的网络游戏，因为游戏中有一个小"江湖"。可是网络游戏带给他欢乐的同时，更带来了伤害。因为玩游戏，他的成绩日益下降，最终影响到毕业和工作。毕业后，他试着找了几份工作，但是都没有成功。于是他拿着行李来到网吧，一住便是四年半，美好的四年光阴，留给他的，仅仅是几个游戏账号而已。

【合作探究】

1. 为什么很多人会沉迷于网络的虚拟世界？

2. 主题班会：以"花样年华，远离网吧"为题，召开一次主题研讨会。活动建议：

（1）每组至少一名代表参与发言；

（2）小组内部分工合作，查找资料、发言、总结等；

（3）发言稿可以"网络游戏的危害""网游为什么吸引人"等为切入口；

（4）成立评委小组，对各组发言进行评级打分。

【律师、法官点评】

这是一起大学生沉迷网络，荒废学业的事件。面对网络诱惑，很多青少年、甚至是成年人都沉迷其中，无法自拔。

沉迷网络带来的是学习能力、社交能力和身体素质的下降。网络文化的传播多采用文字、图片、视频相结合的方式，在快速获得信息的同时，却忽视了思维能力与动手能力的培养；此外，沉迷网络必然占用大量时间和精力，长时间的网络游戏，使其将游戏世界与现实世界混淆颠倒，思维紊乱；沉迷于游戏世界，而忽视周围的人与事，变得感情淡漠。网络游戏中刺激和惊心动魄的打斗会使得人血压升高、心跳加快，加上长期间保持坐姿、缺少活动，血液循环不畅，极容易发生晕厥、猝死。此外，一般网吧内部环境极差，对呼吸系统、听觉系统都极为不利。

为此，新闻出版总署与教育部、公安部等8部委联合下发《关于保护未成年人身心健康实施网络游戏防沉迷系统的通知》在各网络游戏中使用网络游戏防沉迷系统。该系统将未成年人累计3小时以内的游戏时间视为"健康"游戏时间，超过3小时后的2小时游戏时间视为"疲劳"时间，在此时间段，玩家获得的游戏收益将减半。如累计游戏时间超过5小时即为"不健康"游戏时间，玩家的收益降为0，以此迫使未成年人下线休息、学习。《未成年人保护法》第三十六条规定："中小学校园周边不得设置营业性歌舞娱乐场所、互联网上网服务营业场所等不适宜未成年人活动的场所。营业性歌舞娱乐场所、互联网上网服务营业场所等不适宜未成年人活动的场所，不得允许未成年人进入，经营者应当在显著位置设置未成年人禁入标志；对难以判明是否已成年的，应当要求其出示身份证件。"可见，国家为防范未成年人沉迷网络做出了很多努力，但是从根本上讲，还需要我们每个人自觉抵制网络诱惑。

诚然，适度的游戏有利于身心发展，但由于青少年自制能力不强，再加上我国电竞产业刚刚起步，行业并不成熟。很多青少年容易沉迷网络而无法自拔，荒废了学业和青春。中小学生应当培养积极健康的兴趣爱好，减少对网络的依赖。

【法律依据】

《未成年人保护法》

第三十三条　国家采取措施，预防未成年人沉迷网络。国家鼓励研究开发有利于未成年人健康成长的网络产品，推广用于阻止未成年人沉迷网络的新技术。

第三十四条　禁止任何组织、个人制作或者向未成年人出售、出租或者以其他方式传播淫秽、暴力、凶杀、恐怖、赌博等毒害未成年人的图书、报刊、音像制品、电子出版物以及网络信息等。

第三十六条　中小学校园周边不得设置营业性歌舞娱乐场所、互联网上网服务营业场所等不适宜未成年人活动的场所。营业性歌舞娱乐场所、互联网上网服务营业场所等不适宜未成年人活动的场所，不得允许未成年人进入，经营者应当在显着位置设置未成年人禁入标志；对难以判明是否已成年的，应当要求其出示身份证件。

【法博士点睛】

沉迷网游，伤身伤心。青春无限好，正道是沧桑。

沉迷网游如陷沼，悬崖勒马人生好。

网海无边，回头是岸。

4.3 谣言的"威力"——上网守则

【典型案例】

网络推手"秦某某"

网络推手秦某某多次使用微博账户捏造事实,在网络上散布"动车事故天价赔偿案""雷锋奢侈生活"等谣言,引发大量网民转发和负面评论。根据《刑法》二百三十九条之规定,秦某某的行为已涉嫌诽谤罪和寻衅滋事罪。

动车事故天价赔偿事件

2011年"7·23"动车事故一个月后,秦某某在微博账号上发布消息称:铁道部已向动车事故中意大利遇难者协议赔偿三千万欧元,若此赔偿协议属实,将开创中国对外个人意外最高赔偿纪录。一时间引发网民纷纷指责及争议。铁道部随后回应称,网传在"7·23"事故中遇难的意大利籍旅客获赔三千万欧元一事纯属谣言,并再次重申,对此次事故中遇难的外籍旅客与中国籍遇难旅客实行同一赔偿救助标准。但这条微博已经迅速扩散开来,转发中不乏名人,造成的恶劣影响已经无法挽回。

秦某某后来承认,道听途说中国人和外国人的赔偿不同,就虚构了向

意大利籍乘客赔偿 3000 万欧元的谣言,他表示"我觉得就是这样,就应该是这个数。"

诋毁雷锋事件

秦某某曾贴出雷锋照片造谣称:"这是雷锋 1959 年为自己添置的皮夹克、毛料裤、黑皮鞋等全套高档行头,皮夹克、毛料裤、皮鞋加起来在当时约 90 元,而当时雷锋一个月才 6 块钱。"

后来秦某某向警方回忆了质疑"雷锋奢侈生活"的过程。他说,当时,在网上看到有一张雷锋穿着毛大衣、皮靴的照片,自己估算了一下,再夸大点价格,质疑他是怎么不吃不喝买下这些衣服的,后来就开始毫无根据地质疑雷锋牺牲的过程。

秦某某说,自己的炒作理念是制造社会热点话题,通过人和事的争论来引起公众对他个人的注意。"然后我在上面(指微博)写东西,就会有更多的出版社看到,这样就可以挣稿费,维持生活。"

【合作探究】

1. 传播谣言有什么危害?
2. "假闻联播"(1∶1 复制新闻联播)

活动实施过程:由各小组负责搜集当前社会上广泛流传的谣言,学习委员将其汇总。最后由班级选出主持人参照新闻联播的形式播出。

要求:选材得当,主持人舞台表现好,教会同学如何分辨谣言,树立"不信谣,不传谣"的思想。

【律师、法官点评】

这是一起诽谤、寻衅滋事案件。案件中秦某某编造、传播谣言、制造热点"话题"涉嫌违法犯罪。

谣言,指的是没有相应事实基础,却被捏造出来并通过一定手段推动传播的言论。谣言传播事件，污染了网络环境，扰乱了社会秩序，也严重损害了我国政府的形象和公信力，甚至导致一些无法预知、无法挽回的后果。根据我国刑法相关规定，传播谣言将构成寻衅滋事罪或诽谤罪。

秦某某使用微博账户捏造事实，在网络上散布，引发大量网民转发和负面评论。根据《刑法》二百三十九条之规定，秦某某的行为触犯了《刑法》，犯诽谤罪和寻衅滋事罪，应数罪并罚；考虑到被告能如实供述犯罪事实且无前科，可以从轻处罚。

信息技术高度发达的今天，人们越来越依赖于从网络获取信息。秦某某这样的"网络推手"为达到自己不可告人的目的，捏造事实，造谣生事。

谣言具有预言性、诱惑性、隐蔽性、知识性、攻击性、报复性、宣泄性、强迫性和炒作性等特点。一些不明真相，善良单纯的群众很容易被其蒙蔽。

作为新时代网民，我们应当具备辨识谣言的基本能力，认真学习科学文化知识和法律知识，了解社会基本常识，提高谣言"免疫力"，做到"不信谣、不造谣、不传谣"。

【法律依据】

《刑法》

第二百四十六条　以暴力或者其他方法公然侮辱他人或者捏造事实诽谤他人，情节严重的，处三年以下有期徒刑、拘役、管制或者剥夺政治权利。

第二百九十三条　有下列寻衅滋事行为之一，破坏社会秩序的，处五年以下有期徒刑、拘役或者管制：

（一）随意殴打他人，情节恶劣的；

（二）追逐、拦截、辱骂他人，情节恶劣的；

（三）强拿硬要或者任意损毁、占用公私财物，情节严重的；

（四）在公共场所起哄闹事，造成公共场所秩序严重混乱的。

"利用信息网络诽谤他人,同一诽谤信息实际被点击、浏览次数达到5000次以上,或者被转发次数达到500次以上的"应当认定为刑法第二百四十六条第一款规定的"情节严重",可构成诽谤罪;如果行为人明知是捏造的损害他人名誉的事实,实施了在信息网络上散布的行为,主观上故意,客观上造成实际损害,情节恶劣的,以诽谤罪定罪处罚。如果行为人不知是他人捏造的虚假事实而在网络上发布转发的,即使对被害人名誉造成一定的损害,也不构成诽谤罪。

【法博士点睛】

谣言是一只凭着推测、猜疑和臆度吹响的笛子。

所有的邪恶中,谣言散播最快,随着速度的加快更加激烈,随着散播面的扩展更有精力。

综合探究　　社会生活中的法律

单元活动设计三：和谐社会　法治建设

【探究活动目标】

了解社会生活中公民的基本权利和义务；

了解社会生活中防范不法侵权行为的常识；

提高自我保护的意识和能力。

【探究活动建议】

搜集有关未成年人社会保护热点新闻；

尝试从多角度分析未成年人合法权利容易被侵犯的原因；

组织社会实践活动，分析总结社会各界对未成年人社会保护的意见和建议；

小组分工合作，形成研究报告。

【探究路径参考】

※　学一学

和谐社会，法治为先。和谐社会的建设，需要不断健全的法制保驾护航。我国的《劳动法》《消费者权益保护法》《道路交通安全法》等法律法规从方方面面对公民的社会生活进行了规范。

1. 查阅《劳动法》《消费者权益保护法》《道路交通安全法》等法律法规，了解与我们中学生密切相关的法律常识。

2. 以小组为单位，举办一次以"我学法，我守法"为主题的班会活动。

※ 辩一辩

作为中学生，我们大部分时间是在校园度过的，相对校门外的世界，校园环境更加纯净。而且现阶段，我们的主要任务是学习。社会生活中的诸多法律如《劳动法》《消费者权益保护法》和《道路交通安全法》规范的是所有公民的行为，而不像《未成年人保护法》等法律专为保护未成年人权益而制定。为此，有人认为，现在学习这些法律法规没有太大作用。

请以班级为单位，以"学习社会生活中的法律对中学生有无必要"为题展开辩论。

正方观点：虽然中学生学习任务重，但学法不能只学《未成年人保护法》，还应学习其他法律知识；

反方观点：中学生应将更多精力放在学习上，学好《未成年人保护法》即可。

※ 做一做

法治社会建设是和谐社会建设的重要环节。建设法治社会，需要我们每一位公民的参与和贡献，同样，建设法治社会，也将造福于我们每一个人。青少年是国家的未来，民族的希望，是推动法治建设，促进社会和谐的重要力量。

请你利用周末和同学们一道深入学校附近的社区、乡村，组织开展一次"和谐社会与法治建设"为主题的社会实践活动。

【探究之总结】

做守法公民，建和谐社会

"依法治国"是中国共产党带领人民治理国家的基本方略，是社会文明进步的显著标志，做守法公民是和谐社会建设对我们每一个公民的基本要求。

  青少年是法治建设的新生力量。党的十八届四中全会提出"把法治教育纳入国民教育体系，从青少年抓起，在中小学设立法治知识课程"。就是要培养青少年自觉守法、遇事找法、解决问题靠法的法治意识。

  青少年不仅要认真学习宪法和基本法，而且要认真学习社会生活中与我们密切相关的法律法规，如《劳动法》《道路交通安全法》《消费者权益保护法》等。青少年要依法约束自身的行为，遵守社会公德，加强自我修养，提高法律意识，做一个有益于社会、有益于人民的人。

第四编 04
预防犯罪及司法保护

第一讲

防微杜渐——预防不良行为

1.1 无声的消失——出走的代价

【典型案例】

"远走高飞"

小张是某市高中学生，成绩不错，就是有些调皮，因上课调皮捣蛋，家长被老师请到学校。周末，怒气未消的父亲在家把他痛打了一顿，小张于是负气离家出走。儿子无声消失，急得一家人团团转，老张赶紧向警方和媒体求助。小张离家三天后，根据有关线索，父亲老张亲自来到重庆寻子，通过媒体发布寻子消息，并就教育方式向小张道歉。登报五天后，老张终于找到了儿子,并委托记者感谢警方、媒体和众多热心人的帮助。老张表示:通过这件事情,儿子已经认识到自己的错误,不过我也有做得不对的地方,作为父亲,今后教育孩子,我也会注意教育方式和方法。

其实小张最初也没想那么多,离家的当晚,他先在火车站漫无目的地闲逛,根本不知道该去哪里,要去干什么,就随便买了一张火车票。还没到终点站,便中途下车来到重庆。下火车后,人生地不熟,小张才意识到兜里没多少钱,该怎么办呢?他顾不上吃饭,赶紧寻找工作。他好不容易找了一个临时工作,在工地做苦力活,每天工作10小时,月工资2000元,到月底才领工资。包里没钱,哪儿都去不了,尽管工作十分辛苦,小张不得不一直在工地上干活,直到父亲出现在他面前。

离家后的前几天,小张气在心头,仍然埋怨父亲。他说:"父亲脾气暴躁,我都读高三了,还动手打我。"后来气慢慢消了,小张想家了,逐渐认识到这样玩"消失"不对。他说:"自己赌气离家出走,不知道妈妈有多担心,多着急,万一急病了怎么办?工地上的活很重,我越来越吃不消。爸爸是粗暴了一些,但也是为我好,同时我也有错。夜深人静的时候我特别想家,想父母、同学和老师,想回学校念书,争取考所好大学……"

【合作探究】

1. 结合该案例,请你谈谈未成年人离家出走、夜不归宿的原因和危害?

2. 根据以上情节,以小组为单位编排以"离家出走以后"为主题的情景剧,并在班上表演。

【律师、法官点评】

本案属于未成年人离家出走案例。案中父亲老张望子成龙,但教育儿子方式简单粗暴,小张被父亲打后,负气离家出走,值得庆幸的是父亲最终找到了小张，而在外吃尽苦头的儿子认识到了自己错误，重新回到学校学习。

中小学生离家出走，主要是指未成年人（年龄在 8-18 岁，学龄处在小学三年级到高中阶段的学生）在没有得到监护人允许的情况下，离开家庭或学校至少 24 小时以上，且有意隐瞒其去向的行为。

引起中小学生离家出走、夜不归宿的原因较多：如厌学情绪滋长、人格异常与逆反心理、人际关系紧张、角色观念变异与拜金心理、盲目从众心理等。许多出走案例往往是由多种因素共同引发的。

离家出走的危害有：（1）荒废学业、浪费青春；（2）失去依靠，易受欺凌；（3）女生出走，易被性侵；（4）铤而走险，违法犯罪；（5）屡遭挫折，自伤自残，（6）人财两空，家破人亡；殃及学校，危害社会等等。

结合本案可知，预防子女离家出走的不良行为，离不开家庭教育。家长既要注意尊重孩子人格，做孩子的朋友，又要用爱营造良好的学习氛围，促进家庭关系和谐，还要选择科学、民主的教育方式，奖励与惩罚不能过度，尤其是对于惩罚，必须持慎重态度。若孩子情绪反常甚至扬言离家出走时，家长一定要及时疏导，坦诚交流，帮助子女分析不良情绪和想法产生的原因、引起的后果及应采取的对策，晓之以理，动之以情，使其内心情感得到宣泄。

对未成年人的教育是学校、家庭、社会的共同责任。离家出走的行为属于不良行为，其父母或者其他监护人、学校和社会应当承担教育矫正责任，各方应携起手来，形成教育合力，预防未成年人离家出走事件的发生，促进未成年人健康成长。

【法律依据】

《预防未成年人犯罪法》

第十四条　未成年人的父母或者其他监护人和学校应当教育未成年人不得有下列不良行为：

（一）旷课、夜不归宿；

（二）携带管制刀具；

（三）打架斗殴、辱骂他人；

（四）强行向他人索要财物；

（五）偷窃、故意毁坏财物；

（六）参与赌博或者变相赌博；

（七）观看、收听色情、淫秽的音像制品、读物等；

（八）进入法律、法规规定未成年人不适宜进入的营业性歌舞厅等场所；

（九）其他严重违背社会公德的不良行为。

第十九条　未成年人的父母或者其他监护人，不得让不满十六周岁的未成年人脱离监护单独居住。

第二十条　未成年人的父母或者其他监护人对未成年人不得放任不管，不得迫使其离家出走，放弃监护职责。

未成年人离家出走的，其父母或者其他监护人应当及时查找，或者向公安机关请求帮助。

【法博士点睛】

外面的世界很精彩，外面的世界很无奈，外面的鲜花很多，外面的陷阱也很多。

1.2 拿钱消灾——同学间的保护费

【典型案例】

我们需要谁的保护？

刘某和李某是某中学同班同学，李某学习优秀，性格内向，是老师和同学眼中的好学生。刘某调皮捣蛋，不学无术，并经常与校外不三不四的人员来往。在交往中，被社会上的"哥们"利用，多次对李某进行敲诈，收取所谓"保护费"，数额达1000元。前不久，刘某再次强迫李某交"保护费"，而李某实在没钱，害怕挨打，只好告知自己家长，寻求保护。

李某家长十分震惊，立即通过学校报警。接案民警迅速开展调查，找到了刘李二人及其家长了解事情的详细经过，抓获参与敲诈的社会闲杂人员三人。调查处理过程中，双方家长争持不下，刘某家长认为孩子纵然有错，但也是被人利用，也是受害者。

民警及时调解，双方家长坦诚相待，多次交换意见后，达成谅解协议。鉴于当事双方都是未成年人，又都是在校学生，本着"教育为主、惩罚为辅"的原则，民警对过错一方的刘某进行严肃批评和训诫，明确告知其行为涉嫌犯罪，责令其即日归还李某的钱财，并交学校纪律处分，若再犯此类错误，定当从重处罚；民警教育李某应提高自我保护意识和能力，遇到困难要及时向老师和父母求助，运用法律武器维护自己的合法权利。

【合作探究】

1. 案中刘某的行为是否构成犯罪？请你说明理由。

2. 南宁某女生交给同学 10 万保护费后，挨打仍是家常便饭。议一议：在学校，我们中学生需要谁的保护？我们应如何保护自己？

【律师、法官点评】

本案属于未成年"校霸"欺凌弱小同学，收取校园"保护费"案件。案中原告刘某被社会上"哥们"利用，欺凌敲诈同学，收取"保护费"涉嫌敲诈勒索罪。收取"保护费"，若有暴力威胁倾向的，就有可能构成抢劫罪。

敲诈勒索罪是指以非法占有为目的，对被害人使用威胁或要挟的方法，强行索要公私财物的行为。抢劫罪（刑法第 263 条），是以非法占有为目的，对财物的所有人、保管人当场使用暴力、胁迫或其他方法，强行将公私财物抢走的行为。凡年满 14 周岁并具有刑事责任能力的自然人，均可以构成抢劫罪的主体。

国家严厉打击不法分子在校园内针对未成年人的违法犯罪活动。河南省某县人民法院审结一起校园抢劫案件，被告杨某教唆在校学生在校园内收取"保护费"，犯抢劫罪，被法院判处有期徒刑十四年，并处罚金人民币 3000 元，附加剥夺政治权利一年；追缴杨某违法所得 500 元，发还被害人。

本案原告刘某收取"保护费"的行为已涉嫌违法犯罪，鉴于其是未成年人和在校学生，其行为尚未造成严重后果，本着教育为主的原则，对刘某进行严肃批评和训诫，责令其归还钱财，从轻处理。毫无疑问刘某会被学校纪律处分，而利用刘某收取"保护费"背后的"哥们"也将受法律制裁。

未成年人身心发育还未成熟，心理素质尚不稳定，自我控制能力不强，认知水平和意志能力较低，对不良影响的免疫力弱，遇事容易冲动。校内外不法分子常常利用未成年的这些特点对其进行蛊惑，并借机收取"保护费"。

中学生应提高自我保护意识和能力，大胆对"保护费"说"不"，机智勇敢地同收取"保护费"的团伙及个人做斗争。在被勒索时，受害人要留心观察勒索者，记住他们的外貌、声音等方面的特征，事后要及时向老师和父母求助，运用法律武器维护自己的合法权利。学校、家长、社会各方应加强对未成年人的监管和保护。

【法律依据】

《刑法》

第二百六十三条　以暴力、胁迫或者其他方法抢劫公私财物的，处3年以上10年以下有期徒刑，并处罚金；

第二百六十九条　犯盗窃、诈骗、抢夺罪，为窝藏赃物、抗拒抓捕或者毁灭罪证而当场使用暴力或者以暴力相威胁的，依照本法第二百六十三条的规定定罪处罚。

携带凶器抢夺的，依照本法第二百六十三条的规定定罪处罚。

第二百七十四条　敲诈勒索公私财物，数额较大或者多次敲诈勒索的，处三年以下有期徒刑、拘役或者管制，并处或者单处罚金；数额巨大或者有其他严重情节的，处三年以上十年以下有期徒刑；数额特别巨大或者有其他特别严重情节的，处十年以上有期徒刑，并处罚金。

【法博士点睛】

抵制不法侵害，学会自我保护。

1.3 霓虹灯下的罪恶——娱乐场所的危险

【典型案例】

潜在的危险

小刘，20岁，北京某某大学大三男生，前不久被诊断感染HIV-1型艾滋病近三年了。

小刘来自江苏某市，三年前他还是一重点中学的学生，家庭条件好，成绩优秀，积极上进，谁也没想到大家眼中的好学生居然会感染艾滋病病毒。读初高中时，不管多忙，上学期间男孩的父母都会抽出时间，天天开车接送儿子，因为他们怕处在青春期的儿子学坏。长期以来，父母从未发现儿子有什么不好的苗头，高三毕业后，儿子以优异的成绩考上了北京某著名大学，夫妻俩高兴极了，常常为儿子有出息而十分自豪。

然而出人意料的事情发生了，不久前，正在北京读书的儿子突然持续高热，多日不退，吃药、打针、输液均无济于事，最后被确诊感染艾滋病。男孩的父母怎么也不能接受这个事实。其实小刘自己也想不通，这事怎么会发生在自己身上。在医生的引导下，男孩才回忆起暑假里几个同学的一次聚会，那次聚会他们去了娱乐场所，发生了不该发生的一幕，由此惹下大祸。小刘说："毕业了，大家高兴，喝酒划拳，无所顾忌，自己喝得不省人事，不知不觉躺在聚会的事发地睡了一夜，醒来的时候，发现自己居然被人强暴了。"

小刘告诉记者，"读中学时，家长看管紧，要求严，不允许跟女生谈恋爱。自己一心放在学习上，高考后，父母给了我更多的时间和空间，没想到一次聚会竟铸成如此大错。"小刘说："在确诊前，对艾滋病病毒的感染和防护知识知之甚少，与此相关的自我保护意识更是缺乏。"

正是由于缺乏艾滋病感染和防护的相关知识，加上自我保护意识弱，近年来，青年学生艾滋病疫情在我国日趋严重，该群体已经成为艾滋病毒感染的重要受害者。

【合作探究】

1. 以不记名的形式调查了解本班同学进入营业性娱乐场所的情况。
2. 未成年人进入网吧、歌舞厅、KTV等娱乐场所有哪些危害？

【律师、法官点评】

本案属于未成年人出入"娱乐场所"不幸成为受害者的典型案件。案中"好学生"小刘因毕业后和同学醉酒于高危的"娱乐场所"，不幸感染艾滋病病毒而遗憾终身。

娱乐场所，是指向公众开放，供消费者歌舞、游艺娱乐，以营利为目的的场所。主要包括歌厅、舞厅、卡拉OK厅等各类歌舞娱乐场所和以操作游戏、游艺设备进行自娱自乐或集体娱乐的各类游艺娱乐场所。

加强对娱乐场所的管理，引导和保障其健康发展，创造有利于青少年健康成长的环境，是政府的职责，为此国家制定了《娱乐场所管理条例》(2016年修订版)。该条例规定：歌舞娱乐场所不得接纳未成年人；除国家法定节假日外，游艺娱乐场所设置的电子游戏机不得向未成年人提供；娱乐场所应当在营业场所的大厅、包厢、包间内的显著位置悬挂未成年人禁入或者限入标志。违反上述规定接纳未成年人消费娱乐的，或不悬挂未成年人禁入或限入标志的娱乐场所，由县级人民政府文化主管部门依据法定职权责令改正，给予警告，情节严重的，责令停业整顿。

《未成年人保护法》规定：未成年人不得进入营业性歌舞娱乐场所和互联网上网服务营业场所等不适宜未成年人活动的场所。该案中小刘尽管已经高中毕业，但是未满18岁，醉酒于的"娱乐场所"，违反了《未成年人保护法》，最终成为受害者，给我们深刻警示；接纳小刘的消费娱乐场所，涉嫌违法，若能收集到充分的证据，可依法追究其责任。

未成年人心智不成熟，辨别能力低，自我保护意识弱，父母和老师应当关注未成年人的身心健康和行为习惯，用健康的思想、良好的品行和科学的方法教育和影响孩子，引导涉世未深的未成年人积极参加有益于身心健康的活动，预防和制止未成年人吸烟、酗酒、沉迷网络、出入不良娱乐场所等行为。

部分"娱乐场所"消费高昂、鱼龙混杂、充满危险，未成年人学生要积极向上、洁身自好、遵纪守法，远离法律规定的未成年人禁入或限入的"娱乐场所"，以免迷失自我，偏离人生方向，而成为受害者。

【法律依据】

《未成年人保护法》

第三十六条　中小学校园周边不得设置营业性歌舞娱乐场所、互联网上网服务营业场所等不适宜未成年人活动的场所。营业性歌舞娱乐场所、互联网上网服务营业场所等不适宜未成年人活动的场所，不得允许未成年人进入，经营者应当在显著位置设置未成年人禁入标志；对难以判明是否已成年的，应当要求其出示身份证件。

《娱乐场所管理条例》（2016年修订版）

第三十条　娱乐场所应当在营业场所的大厅、包厢、包间内的显著位置悬挂含有禁毒、禁赌、禁止卖淫嫖娼等内容的警示标志、未成年人禁入或者限入标志。标志应当注明公安部门、文化主管部门的举报电话。

第四十八条　违反本条例规定，歌舞娱乐场所接纳未成年人的，由县级人民政府文化主管部门没收违法所得和非法财物，并处违法所得1倍以上3倍以下的罚款；没有违法所得或者违法所得不足1万元的，并处1万元以上3万元以下的罚款；情节严重的，责令停业整顿1个月至6个月

第五十一条　娱乐场所未按照本条例规定悬挂警示标志、未成年人禁入或者限入标志的，由县级人民政府文化主管部门、县级公安部门依据法定职权责令改正，给予警告。

第五十二条　娱乐场所招用未成年人的，由劳动保障行政部门责令改正，并按照每招用一名未成年人每月处5000元罚款的标准给予处罚。

【法博士点睛】

灯红酒绿之下，赢得一时刺激，输掉整个人生！

第二讲

勿以恶小而为之——治安管理处罚法

2.1 地铁全武行——有理不在力气大

【典型案例】

"功夫"

傍晚，很多乘客正在地铁站台排队候车。当地铁到达后，A男子见人多，为了赶时间就直接插队上车，结果导致B男子未能挤上车。于是，未上车的B男子怒骂未排队的A男子，A男子也不甘示弱，双方发生口角，越吵越凶。本已挤上车的A男子竟在列车关门之前冲下车，向B男子挥拳打去。两人扭打成一团，一人被压倒在地，并被掐住脖子。当时众多乘客围观，却无人上去劝阻。这时，一个身材矮小的黑人小伙走

上前去劝和拉架，在身遭数拳后终于将二人拉开。

网友看法：

@水上人家：这种事情在我们身边经常发生，很多人都是袖手旁观，没想到这次居然还是外国朋友来劝架。

@太阳花：为这位外国小伙子点个赞。

@想飞就飞：这种事也遇到过几次，看见有人打架大家就只顾拿手机拍照，也没人上前劝架。

@出尘：这地铁站员工怎么不出来制止呢？他们应该有责任的吧！

【合作探究】

1. 说一说在公共场所地铁站打架的行为有哪些危害？
2. 对此类行为可以追究刑事责任吗？如果不能，那应该按照什么法律来处理呢？
3. 《治安管理处罚法》的处罚对象是什么？处罚种类有哪些？
4. 生活中还有哪些违反《治安管理处罚法》的行为？

【律师、法官点评】

本案中两人在地铁站台互殴的行为涉嫌违反《治安管理处罚法》，属于扰乱公共场所秩序的行为。

扰乱公共场所秩序行为，是指扰乱车站、港口、码头、民用航空站、商场、公园、运动场、展览馆或者其他公共场所秩序，尚不够刑事处罚的行为。公共场所秩序，是指保证公众安全的顺利出入、使用公共场所所规定的公共行为准则。所谓公共场所，主要是指车站、港口、码头、民用航空站、商场、公园、运动场、展览馆以及礼堂、公共食堂、游泳池、浴池、宾馆、饭店等场所。公共场所具有人员聚集量大，流动量大的特征，如果这种秩序受到破坏，就会出现混乱状态，影响其他人的正常活动和公共场所的正常秩序。

本案中，地铁是城市公共交通的"大动脉"，属于公共场所，在地铁站内的打架斗殴容易引起人群骚动，干扰地铁的正常运行，甚至发生踩踏事件，故本案中两人的打架斗殴不仅是个人民事纠纷，该行为还可能涉及扰乱公共秩序，轻则受到行政处罚，重则追究刑事责任。

根据《中华人民共和国治安管理处罚法》的规定，扰乱公共汽车、电车、火车、船舶、航空器或者其他公共交通工具上的秩序的，可被处警告或者200元以下罚款；情节较重的，处5日以上10日以下拘留，可以并处500元以下罚款。因此本案中打架斗殴的两人可能面临最高10天的拘留。

另外，根据刑法规定，打架斗殴造成严重后果的，则可能构成故意伤害罪或故意杀人罪，将受到刑事追究，承担刑事责任。

作为社会成员，我们应该提高文明素养，礼让他人，和谐相处，从而避免类似事件的发生。同时，当我们遇到类似突发事件时应沉着应对、科学判断、理性防范，避免因恐慌挤踩发生危险。

【法律依据】

《治安管理处罚法》

第九条　对于因民间纠纷引起的打架斗殴或者损毁他人财物等违反治安管理行为，情节较轻的，公安机关可以调解处理。经公安机关调解、当事人达成协议的，不予处罚。经调解未达成协议或者达成协议后不履行的，公安机关应当依照本法的规定对违反治安管理行为人给予处罚，并告知当事人可以就民事争议依法向人民法院提起民事诉讼。

第二十三条　有下列行为之一的，处警告或者二百元以下罚款；情节较重的，处五日以上十日以下拘留，可以并处五百元以下罚款：

（一）扰乱机关、团体、企业、事业单位秩序，致使工作、生产、营业、医疗、教学、科研不能正常进行，尚未造成严重损失的；

（二）扰乱车站、港口、码头、机场、商场、公园、展览馆或者其他公共场所秩序的；

（三）扰乱公共汽车、电车、火车、船舶、航空器或者其他公共交通工具上的秩序的；

（四）非法拦截或者强登、扒乘机动车、船舶、航空器以及其他交通工具，影响交通工具正常行驶的；

第四十三条　殴打他人的，或者故意伤害他人身体的，处 5 日以上 10 日以下拘留，并处 200 元以上 500 元以下罚款；情节较轻的，处 5 日以下拘留或者 500 元以下罚款。

【法博士点睛】

忍一时风平浪静，退一步海阔天空。因小失大，得不偿失。

2.2 寻开心，报假警，受处罚——法律不是"儿戏"

【典型案例】

这回"玩"过了

某消防大队接到报警电话，称某酒店发生火灾，并有人员被困，请求立即出警灭火。消防大队立即出动3辆消防车、20余名消防官兵在第一时间赶赴现场。

但当他们赶到现场后却发现并无任何火灾迹象。这是怎么回事呢？难道是报警人因惊慌过度说错了地方？消防队的指挥员立即电话联系报警人，但却发现对方已经关机，无论怎样都再也联系不上。后经多方调查核实，确认此处并无火情，该起报警实际上是虚假火警。

事后警方调查发现，原来是31岁的无业男子黄某所为。事发当天他与几个朋友吃饭喝酒，喝完酒后，一人独自回家，途中觉得太无聊，便想到了报假警来寻乐子，于是就发生了先前的谎报火警一幕。

黄某因涉嫌报假警被警方依法予以行政拘留9日。

【合作探究】

1. 本案中黄某的行为违反了什么法律？有何危害？

2.110报警台一年接200万个无效电话。警方称,报警台平均每分钟接听处置4.8个警情,骚扰电话极有可能会使危难中人员无法及时得到援助。请你以"珍惜公共资源,把110留给最需要的人"为主题写一份正确依法求助110的倡议书。

【律师、法官点评】

本案中黄某因无聊虚构警情的行为涉嫌违反《治安管理处罚法》,属于报假警,妨碍公安机关正常工作秩序的违法行为。

所谓"报假警",就是故意虚构警情,致使公安机关出动警力,从而扰乱公安机关的正常活动与社会秩序的行为。

报假警存在严重的社会危害,不仅加大了警务人员的接、出警工作量,造成了人力、物力、财力的巨大浪费,更是占用了警方有限的线路资源,严重干扰了警方的正常调度,致使一些真正的紧急警情电话打不进来,耽误了事故的处置,导致真正需要帮助的人民的生命财产无法得到及时有效的保护。

110报警服务电话是维护社会治安、保障公民生命财产安全的重要工具,凡无事拨打110电话恶意骚扰、谎报警情的行为都属于违法行为。依据《中华人民共和国治安管理处罚法》相关规定,可处5日以上10日以下行政拘留,可以并处500元以下罚款。情节严重构成犯罪的,还要依法追究其刑事责任。

本案中,黄某因空虚无聊拨打110谎报警情的行为扰乱了公安机关和消防大队的正常工作,并扰乱了社会秩序,理应按照《治安管理处罚法》对其处以5日以上10日以下行政拘留,并处500元以下罚款。

我们应加大对那些因空虚无聊、醉酒闹事、报复社会等原因而报假警行为人的惩处,以增强其法律意识,使其明白法不可违,违法必究。同时,我们还要充分发挥媒体舆论的作用,一方面加强宣传报假警的危害,另一方面曝光这些报假警的行为,从而引导社会舆论,增强公民自觉维护110警务系统的意识,共同珍惜和维护110这个社会公共资源。

【法律依据】

《治安管理处罚法》

第二条　扰乱公共秩序，妨害公共安全，侵犯人身权利、财产权利，妨害社会管理，具有社会危害性，依照《中华人民共和国刑法》的规定构成犯罪的，依法追究刑事责任；尚不够刑事处罚的，由公安机关依照本法给予治安管理处罚。

第二十三条　有下列行为之一的，处警告或者二百元以下罚款；情节较重的，处五日以上十日以下拘留，可以并处五百元以下罚款：

（一）扰乱机关、团体、企业、事业单位秩序，致使工作、生产、营业、医疗、教学、科研不能正常进行，尚未造成严重损失的；

第二十五条　有下列行为之一的，处五日以上十日以下拘留，可以并处五百元以下罚款；情节较轻的，处五日以下拘留或者五百元以下罚款：

（一）散布谣言，谎报险情、疫情、警情或者以其他方法故意扰乱公共秩序的行为。

【法博士点睛】

法律不是儿戏，虚报警情，害人害己。

2.3 被暴打的女司机——"斗气"的代价

【典型案例】

"路怒"症

某日下午，张某（男）驾驶一辆红色轿车，车上坐着张某的妻子和小孩。当张某行驶至某路段时，遭遇卢某（女）驾驶的一辆白色轿车的几次突然变道，险些追尾酿成事故。张某认为卢某故意突然变道阻碍自己正常行驶，差点引发事故，心生怒气，遂驾车急追，终于在立交桥下将卢某的轿车逼停。张某下车找卢某理论，并将卢某拖下车后一阵暴打，卢某被打倒在地后，张某仍对其拳脚相加。周围路过的市民见状上前阻止，并试图阻拦张某离开，张某又拿出螺丝刀一阵挥舞，造成一名出租车司机的面部和头部两处皮外伤。

警方初步调查后认定，张某随意拦截卢某车辆，对卢某实施殴打，并阻碍交通要道，涉嫌寻衅滋事，对其实施了刑拘。张某对自己的行为感到非常后悔，称是一时冲动酿成大错，造成了对卢某及家人的伤害。

市公安局交通管理局第三分局也对卢某的违法驾驶行为进行了行政处罚。卢某也很后悔，反思自己"如果没随意变道，也不会被打"，表示一定要好好纠正自己的驾车行为，也希望大家以自己为戒。

该案经人民法院开庭审理，考虑张某系初犯、偶犯，且能积极认罪、悔罪，积极赔偿损失并获得卢某谅解，最后以故意伤害罪判处被告人张某有期徒刑八个月，缓刑一年。

【合作探究】

1. 你是同情女司机，还是支持男司机？请选择并说明理由。

（1）同情女司机。理由：_____。

（2）支持男司机。理由：_____。

2. 有网友认为：法律修理了暴力，暴力修理了野蛮。谈谈你对该观点的认识？

（1）赞成。

（2）反对。

（3）有一定道理，但并不完全认同。

【律师、法官点评】

这是一起典型的因"路怒"症引发的极端事件。本案中张某和卢某的行为都涉及违反交通安全法规的问题，其中张某殴打卢某，造成卢某轻伤的行为，还涉嫌故意伤害罪。

路怒症，就是驾驶员驾驶车辆时带有愤怒情绪，并伴有一定攻击性行为，如骂脏话、做粗俗手势、动手打架、猛按喇叭、故意强行变道、强行超车、突然刹车或加速、故意跟车过近等。不少司机都曾经有过"路怒"情绪，这种"路怒"情绪不仅有害于司机的身心健康，而且对交通安全有极大的隐患，容易造成不良后果。

故意伤害罪，是指故意非法伤害他人身体并达成一定的严重程度、应受刑事处罚的犯罪行为。本案中，女司机的"野蛮"变道是整个事件的诱因。张某因路怒情绪追赶卢某，强别他人车辆，开"斗气"车，甚至在公路上以暴力伤害他人，不仅阻碍了交通要道，违反交通法规，还故意伤害他人身体，涉嫌违法犯罪，根据《刑法》第二百三十四条规定：故意伤害他人身体的，处三年以下有期徒刑、拘役或者管制。故本案中张某最终被法院以故意伤害罪判处有期徒刑八个月，缓刑一年。而卢某连续变更两条以上机动车道，违反禁止标线指示，强别他人车辆，开"斗气"车，这样的行为也违反了交通法规，应当受到相应的处罚。

针对这起事件，某些认为"该打""打得好"的围观者的态度也是不可取的。这实际上是对生命的不尊重，也是法制观念的淡薄，更是以暴制暴思维对法律底线的漠视。因此，我们需要进一步加强法制建设，增强国民法律意识，从制度上强化驾驶员的守法意识，通过媒体曝光形成法制和舆论的双重压力，提高驾驶员的行车安全意识，促使其自觉履行安全驾驶职责。

【法律依据】

《道路交通安全法》

第九十条　机动车驾驶人违反道路交通安全法律、法规关于道路通行规定的，处警告或者二十元以上二百元以下罚款。本法另有规定的，依照规定处罚。

第一百零一条　违反道路交通安全法律、法规的规定，发生重大交通事故，构成犯罪的，依法追究刑事责任，并由公安机关交通管理部门吊销机动车驾驶证。

《道路交通安全法实施条例》

第四十四条　在道路同方向划有 2 条以上机动车道的，变更车道的机动车不得影响相关车道内行驶的机动车的正常行驶。

《治安管理处罚法》

第四十三条　殴打他人的，或者故意伤害他人身体的，处五日以上十日以下拘留，并处二百元以上五百元以下罚款；情节较轻的，处五日以下拘留或者五百元以下罚款。

有下列情形之一的，处十日以上十五日以下拘留，并处五百元以上一千元以下罚款：

（一）结伙殴打、伤害他人的；

（二）殴打、伤害残疾人、孕妇、不满十四周岁的人或者六十周岁以上的人的；

（三）多次殴打、伤害他人或者一次殴打、伤害多人的。

《刑法》

第二百三十四条　故意伤害他人身体的，处三年以下有期徒刑、拘役或者管制。

犯前款罪，致人重伤的，处三年以上十年以下有期徒刑；致人死亡或者以特别残忍手段致人重伤造成严重残疾的，处十年以上有期徒刑、无期徒刑或者死刑。本法另有规定的，依照规定。

【法博士点睛】

遵守交规，理性驾驶，远离"路怒"。

第三讲

法网恢恢，疏而不漏——远离刑事犯罪

3.1 暴力犯罪——莫逞一时之勇

【典型案例】

酒后群殴伤人获刑

一天傍晚，张某（16岁）和几个儿时的伙伴在一块聚餐划拳喝酒。几瓶酒下肚后，张某想起邻村的刘某在上小学时总是欺负自己，心里顿时愤愤不平，于是张某就说："这个刘某太可恨了，兄弟们一定要帮我出出这口气，我们一同前去教训教训他。"立刻得到众人的附和。

俗话说"酒壮人胆"，在酒精的作用下，张某一行8人醉醺醺地找到刘某家。刚好刘某和其弟弟妹妹在家。于是在张某的带头下，一行人对刘某及其家人拳脚相加，一阵殴打，造成刘某轻伤，另外两人轻微伤。

事后刘某向警方报案，警方立案侦查，并移交检察院提起公诉。经法院审理认为，被告人张某等人无事生非，无故殴打他人，并造成他人轻伤，情节恶劣，其行为已构成寻衅滋事罪。但鉴于张某系未成年人，且事后积极赔偿损失，悔罪态度良好，故判处有期徒刑三年缓刑三年。而其他人因未满16周岁，且在本案中所起作用较小，不予追究刑事责任。

【合作探究】

1. 据你了解，什么是寻衅滋事？
2. 为什么张某等人的判决结果不一样？

【律师、法官点评】

本案中张某为满足报复心理需要，纠集众人随意殴打他人，并造成他人轻伤，情节恶劣，涉嫌寻衅滋事罪。

寻衅滋事罪，是指随意殴打、辱骂他人，或任意损毁、占用公私财物，或在公共场所起哄闹事，严重扰乱公共秩序的行为。本罪的主体为一般主体，即年满16周岁具有刑事责任能力的人。在主观方面是直接故意，即明知自己的行为会造成破坏社会秩序的危害结果，却希望或放任这种结果发生。本罪侵犯的客体是社会秩序。在客观方面表现为：①随意殴打他人，情节恶劣的；②追逐、拦截、辱骂、恐吓他人，情节恶劣的；③强拿硬要或者任意损毁、占用公私财物，情节严重的；④在公共场所起哄闹事，造成公共场所秩序严重混乱的。

本案中张某为满足报复心理需要，纠集众人随意殴打他人，并造成他人一人轻伤，两人轻微伤，根据《关于办理寻衅滋事刑事案件适用法律若干问题的解释》，随意殴打他人造成一人以上轻伤或二人以上轻微伤的，属于情节恶劣，应依照寻衅滋事罪追究其刑事责任。

近年来，未成年人犯罪呈现上升趋势，且未成年人犯罪案件中的群殴、抢劫、强奸等多与酗酒、逞能、耍威风、取乐等不正常的精神刺激或其他不健康的心理需要有关。因此家长和教师应注意加强对未成年人的正确人生观、价值观的培养和心理健康教育，帮助其培养健康的兴趣爱好；加强对未成年人的教育和管理力度，减少社会不良风气对未成年人的影响。青少年也应该提高自身道德修养和法律素养，自觉学法、懂法、守法。

【法律依据】

《刑法》

第二百九十二条　【聚众斗殴罪；故意伤害罪；故意杀人罪】聚众斗殴的，对首要分子和其他积极参加的，处三年以下有期徒刑、拘役或者管制；有下列情形之一的，对首要分子和其他积极参加的，处三年以上十年以下有期徒刑：

（一）多次聚众斗殴的；

（二）聚众斗殴人数多，规模大，社会影响恶劣的；

（三）在公共场所或者交通要道聚众斗殴，造成社会秩序严重混乱的；

（四）持械聚众斗殴的。

聚众斗殴，致人重伤、死亡的，依照本法第二百三十四条、第二百三十二条的规定定罪处罚。

第二百九十三条　【寻衅滋事罪】有下列寻衅滋事行为之一，破坏社会秩序的，处五年以下有期徒刑、拘役或者管制：

（一）随意殴打他人，情节恶劣的；

（二）追逐、拦截、辱骂、恐吓他人，情节恶劣的；

（三）强拿硬要或者任意损毁、占用公私财物，情节严重的；

（四）在公共场所起哄闹事，造成公共场所秩序严重混乱的。

纠集他人多次实施前款行为，严重破坏社会秩序的，处五年以上十年以下有期徒刑，可以并处罚金。

《关于办理寻衅滋事刑事案件适用法律若干问题的解释》

第一条　行为人为寻求刺激、发泄情绪、逞强耍横等，无事生非，实施刑法第二百九十三条规定的行为的，应当认定为"寻衅滋事"。

行为人因日常生活中的偶发矛盾纠纷，借故生非，实施刑法第二百九十三条规定的行为的，应当认定为"寻衅滋事"，但矛盾系由被害人故意引发或者被害人对矛盾激化负有主要责任的除外。

行为人因婚恋、家庭、邻里、债务等纠纷，实施殴打、辱骂、恐吓他人或者损毁、占用他人财物等行为的，一般不认定为"寻衅滋事"，但经有关部门批评制止或者处理处罚后，继续实施前列行为，破坏社会秩序的除外。

第二条　随意殴打他人，破坏社会秩序，具有下列情形之一的，应当认定为刑法第二百九十三条第一款第一项规定的"情节恶劣"：

（一）致一人以上轻伤或者二人以上轻微伤的；

（二）引起他人精神失常、自杀等严重后果的；

（三）多次随意殴打他人的；

（四）持凶器随意殴打他人的；

（五）随意殴打精神病人、残疾人、流浪乞讨人员、老年人、孕妇、未成年人，造成恶劣社会影响的；

（六）在公共场所随意殴打他人，造成公共场所秩序严重混乱的；

（七）其他情节恶劣的情形。

【法博士点睛】

一时兴起，无事生非；寻衅滋事，违法乱纪。

3.2 抢劫、盗窃——莫贪不义之财

【典型案例】

高三学生持刀抢劫

小军，某中学高三学生，一贯表现良好。曾经在 2008 年汶川地震发生后，主动深入灾区搬运救灾物资，独自照料 20 余名伤者，每天早上 6 点起床，忙到次日凌晨才休息，直到学校复课才回到学校。

就是这样一个品德良好的学生，却因为一件事让他的人生轨迹发生了改变。小军家境不太好，因为赶集需要向同学借了一辆自行车，谁知道却在集市上一不小心被人给偷走了。"人家好心借给我的东西，怎能不还呢？可是让父母拿出这么大一笔钱来赔，又会给父母增加多大的负担呀。"小军心里很是难受。下午放学后，小军没有直接回家，而是独自在街上漫无目的地行走。当他路过一家网吧时，突然产生了一个想法。当天晚上，小军混入网吧内躲起来，趁网吧打烊时，小军偷偷伸手去拿收银台里的现金，谁料被网管员发现。"抓贼啊！"网管员大叫着冲过去，被吓懵的小军从网吧厨房内拿出一把菜刀，对着网管员一番恐吓"不准叫！小心我弄死你"，随后仓皇抢走了收银台仅有的 700 多元现金。

第二天，小军用其中 200 多元赔给同学后，不安地回到学校上课。很

快警方就找上门来把小军带走进行调查讯问，小军对犯罪事实供认不讳。警方随后将案件移交给检察院。学校老师、同学和小军父母都纷纷请求："小军一贯表现好，而且即将参加高考，能不能给他一次改过的机会呢？"检察院最终同意对小军采取取保候审措施，等高考结束后再行起诉。

小军终于参加了高考，他考了553分，正当他还在憧憬美好的大学生活时，民警和检察官却相继找到他，要他作好因犯罪被起诉的准备，小军真是追悔莫及，整天以泪洗面。

最后，检察院考虑到小军未满18周岁，且有主动投入地震救援的立功表现，决定不予起诉。小军感激不已，诚恳地表示，今后一定会遵纪守法，绝不再做违法乱纪的事情，并且会好好学习，努力回报社会。

【合作探究】

1. 小军的行为触犯了什么法律？涉嫌什么罪名？法律对该罪的处罚是如何规定的？

2. 为什么检察院最后决定对小军不予起诉？是否符合法律规定？

【律师、法官点评】

本案中小军实施盗窃并用菜刀进行恐吓的行为涉嫌抢劫罪，应依法追究刑事责任。

所谓盗窃罪，是指以非法占有为目的，窃取公私财物数额较大或者多次盗窃、入户盗窃、携带凶器盗窃、扒窃公私财物的行为。盗窃罪的主体是一般主体，即年满16周岁，具备刑事责任能力的人；主观方面表现为直接故意，具有非法占有的目的；客观方面表现为行为人具有窃取数额较大的公私财物或者多次盗窃、入户盗窃、携带凶器盗窃、扒窃的行为；侵犯的客体是公私财物的所有权。

抢劫罪是以非法占有为目的，对财物的所有人、保管人当场使用暴力、胁迫或其他方法，强行将公私财物抢走的行为。本罪的主体为一般主体,年满14周岁,具有刑事责任能力的人;主观方面表现为直接故意,具有将公私财物非法占有的目的;侵犯的客体是公私财物的所有权和公民的人身权利;客观方面表现为行为人对公私财物的所有者或保管者当场使用暴力、胁迫或者其他对人身实施强制的方法,强行劫取公私财物的行为。

  本案中小军最初以占有网吧钱财为目的,趁人不注意,偷拿钱财的行为属于盗窃行为.盗窃行为危害性不大,盗取钱财较少的,不以犯罪论处,而是由公安机关按照《治安管理处罚法》处罚;但盗窃财物较多,或多次盗窃,或伙同他人盗窃的,盗窃数额累计较大的,则可以盗窃罪追究刑事责任。小军在偷拿网吧钱财时,被人发现,转而拿出菜刀进行恐吓威胁,则由盗窃行为转为抢劫行为。由于抢劫行为社会危害较大,故一旦转为抢劫性质,则无论抢劫多少财物,哪怕是一元钱,一般也以抢劫罪追究刑事责任。但是依照《刑法》第十三条规定,情节显著轻微危害不大的行为,不认为构成抢劫罪,属于一般违法行为。例如:青少年偶尔进行恶作剧式的抢劫,如抢吃少量食品等。

  本案中小军从最初的盗窃被人发现转而用菜刀威胁的行为涉嫌抢劫罪,依法应追究刑事责任,因其未满18周岁,系未成年人,且在地震救援中有立功表现,又系初犯,根据《刑事诉讼法》第一百七十三条相关规定,检察院最终做出不起诉决定。

  从这个案例中,我们也可以看出平常学习好、表现好的"好学生",也可能一时"糊涂"走上犯罪道路。所以,应该加强对每一个学生的法制宣传教育,即使"好学生"也不可掉以轻心。作为青少年,一定要增强法律意识,依法律己,切不可"任性"超越法律。

【法律依据】

《刑法》:

  第二百六十三条 【抢劫罪】以暴力、胁迫或者其他方法抢劫公私财物的,处三年以上十年以下有期徒刑,并处罚金;有下列情形之一的,处十年以上有期徒刑、无期徒刑或者死刑，并处罚金或者没收财产：

（一）入户抢劫的；

（二）在公共交通工具上抢劫的；

（三）抢劫银行或者其他金融机构的；

（四）多次抢劫或者抢劫数额巨大的；

（五）抢劫致人重伤、死亡的；

（六）冒充军警人员抢劫的；

（七）持枪抢劫的；

（八）抢劫军用物资或者抢险、救灾、救济物资的。

第二百六十七条　【抢夺罪；抢劫罪】抢夺公私财物，数额较大的，处三年以下有期徒刑、拘役或者管制，并处或者单处罚金；数额巨大或者有其他严重情节的，处三年以上十年以下有期徒刑，并处罚金；数额特别巨大或者有其他特别严重情节的，处十年以上有期徒刑或者无期徒刑，并处罚金或者没收财产。

携带凶器抢夺的，依照本法第二百六十三条的规定定罪处罚。

第二百六十九条　【抢劫罪】犯盗窃、诈骗、抢夺罪，为窝藏赃物、抗拒抓捕或者毁灭罪证而当场使用暴力或者以暴力相威胁的，依照本法第二百六十三条的规定定罪处罚。

《刑事诉讼法》

第一百七十三条　对于犯罪情节轻微，依照刑法规定不需要判处刑罚或者免除刑罚的，人民检察院可以作出不起诉决定。

【法博士点睛】

不义之财不能要，触犯法律方后悔。

3.3 "瘾君子"的悲剧——莫图一时之欢

【典型案例】

名人吸毒案

近年来,一些演艺界人士因涉毒被曝光、被刑拘、被判刑的消息屡现报端。

2014 年 3 月 17 日,某市公安局禁毒总队会同分局一同打掉一个吸毒贩毒团伙,抓获 8 名嫌疑人,其中一人被确认为歌手李某某。

6 月 24 日,根据群众提供的线索,某市公安局禁毒总队会同分局,在宁某某的办公室抽屉内查获一小包冰毒,以及吸毒工具等。经对宁某某尿检,发现其尿液呈毒品冰毒阳性。宁某某对吸毒事实供认不讳。

8 月初,某市公安局禁毒总队会同分局将房某某、柯某某等多名涉毒人员查获。经初步审查,房某某、柯某某对吸食毒品大麻的违法行为供认不讳。警方随后在房某某住所内缴获毒品大麻 100 多克。

房某某因涉嫌容留他人吸毒罪被分局依法刑事拘留,后经法院公开审理,被判处有期徒刑 6 个月,并处罚金 2000 元。

柯某某因吸食毒品被分局依法行政拘留 14 天,柯某某在看守所内接受采访,痛哭流涕,称自己做了很坏的示范,让粉丝与亲人们失望了。

针对一些明星吸毒者自称"压力大,借吸毒减压"的言论,网友们纷纷表示不满,予以反驳:"难道你们比老百姓压力还大?""难道只有吸毒才能减压?"

【合作探究】

1. 你觉得明星走上吸毒这条路的原因有哪些?
2. 你知道哪些毒品?吸食毒品有哪些危害?
3. 组织一次参观戒毒所的社会实践活动。

【律师、法官点评】

这几起案件的当事人分别涉嫌吸毒或容留他人吸毒等违法或犯罪行为。吸毒是一般违法行为,容留他人吸毒则构成犯罪。

所谓容留他人吸毒罪,是指为他人吸食、注射毒品提供场所的行为。本罪的主体为一般主体,即年满16周岁,具有刑事责任能力的人。在主观方面表现为故意,即明知他人吸毒而为其提供场所(无论是否牟利),过失不构成本罪。本罪侵犯的客体是社会的正常管理秩序和人们的身心健康。本罪在客观方面表现为行为人实施了容留他人吸毒的行为,即给吸毒者提供吸毒的场所,既可以是主动提供,也可以是应要求被动提供;既可以是有偿提供,也可以是无偿提供;提供的场所如自家住宅、租赁房屋、宾馆、饭店、舞厅等。

本案中,房某某因多次为他人提供吸食毒品场所,且自身住所内藏有100多克大麻,根据《刑法》第三百五十四条规定:容留他人吸食、注射毒品的,处三年以下有期徒刑、拘役或者管制,并处罚金。故房某某构成容留他人吸毒罪,被依法追究刑事责任,判处6个月有期徒刑和罚金2000元。柯某某因仅有吸毒行为,属于一般违法行为,根据《治安管理处罚法》第七十二条规定,吸食、注射毒品的,处10日以上15日以下拘留,可以并处2000元以下罚款,故柯某某依法被行政拘留14日。

为什么明星容易沾染毒品？究其原因，不外乎因为他们一是有钱，能够维持吸毒所需；二是工作压力大，精神生活极度空虚；三是受周围不良朋友的蛊惑和影响。

但是，不管什么原因，吸毒给明星带来的都是毁灭性的结果。他们不仅会遭受法律的制裁，也会受到社会大众、媒体的舆论批评，导致其良好形象被毁，前途一片黑暗。同时因其明星效应，给青少年传输了错误的价值观，起了不好的示范作用。

我们普通人，尤其是青少年，应该清醒地认识到毒品的危害，它不仅会严重危害人们的身体和精神健康，破坏家庭幸福；还容易诱发刑事犯罪，如以贩养吸，或盗窃抢劫毒资，严重危害社会治安；甚至还可能危及整个国家和民族。因此，我们一定要坚决对毒品说"不"。

【法律依据】

《治安管理处罚法》

第七十二条 有下列行为之一的，处10日以上15日以下拘留，可以并处2000元以下罚款；情节较轻的，处5日以下拘留或者500元以下罚款：（一）非法持有鸦片不满200克、海洛因或者甲基苯丙胺不满10克或者其他少量毒品的；（二）向他人提供毒品的；（三）吸食、注射毒品的；（四）胁迫、欺骗医务人员开具麻醉药品、精神药品的。

《刑法》

第三百四十七条【走私、贩卖、运输、制造毒品罪】走私、贩卖、运输、制造毒品，无论数量多少，都应当追究刑事责任，予以刑事处罚。

第三百四十八条【非法持有毒品罪】非法持有鸦片一千克以上、海洛因或者甲基苯丙胺五十克以上或者其他毒品数量大的，处七年以上有期徒刑或者无期徒刑，并处罚金；非法持有鸦片二百克以上不满一千克、海洛因或者甲基苯丙胺十克以上不满五十克或者其他毒品数量较大的，处三年以下有期徒刑、拘役或者管制，并处罚金；情节严重的，处三年以上七年以下有期徒刑，并处罚金。

第三百五十四条 【容留他人吸毒罪】容留他人吸食、注射毒品的,处三年以下有期徒刑、拘役或者管制,并处罚金。

【法博士点睛】

毒祸猛于虎,珍爱生命,远离毒品。

第四讲

风雨中的成长——正当防卫与青少年司法保护

4.1 "防卫"的代价——正当防卫的条件

【典型案例】

撞死你"活该"

黄某是一名出租车司机，一天晚上，他驾驶着一辆浅绿色的出租车，在某宾馆附近搭载了姜某和另一青年男子。两人上车后要求黄某驾车到某市场，途中，姜某要求停车，并拿出一把长约20厘米的水果刀与同伙对黄某实施抢劫，从其身上搜走几百元现金和一台手机。姜某两人拔下车钥匙下车后，将车钥匙丢在地上，朝车尾方向逃跑。黄某待二人跑远后拾回钥匙上车将车门反锁并发动汽车，去追赶姜某及其同伙。

司机黄某将车行至某建材家居市场时，发现姜某与其同伙正搭乘一辆摩托车准备离开，于是黄某加速驾车朝摩托车撞去，摩托车被撞倒地，姜某与其同伙又赶紧下车逃跑。黄某见状继续驾车追赶，途中，姜某拿出水果刀边跑边朝黄某挥舞，姜某的同伙则朝另一方向逃跑。黄某继续追赶姜某，在距离姜某2米处围栏外停车与姜某相持。姜某又向距围栏几米处的楼梯台阶方向跑，黄某迅速驾车从后撞击姜某，将其撞倒在楼梯台阶处，姜某倒地死亡。

随后，黄某赶紧拨打"110"报警，并向公安机关交代了案发经过。

检察院以黄某涉嫌故意伤害罪提起公诉。一审法院认为：被告人黄某为追回被抢财物，以驾车撞人的手段故意伤害他人身体，并致人死亡，其行为已构成故意伤害罪。对辩护人关于黄某采取的是正当防卫的辩护意见，不予采纳。黄某犯罪后，自动投案并如实供述主要犯罪事实，系自首，依法应对其减轻处罚。且本案被害人姜某有重大过错，可酌情对黄某从轻处罚。最后一审法院判决被告人黄某犯故意伤害罪，判处有期徒刑三年六个月，并赔偿原告人姜某经济损失约4万元。一审宣判后，双方均不服，提起上诉。二审法院维持原判。

【合作探究】

1. 查一查，什么是正当防卫？正当防卫应该具备哪些条件？
2. 正当防卫若超过必要限度，会有什么法律后果？
3. 本案中黄某的行为是否属于正当防卫？请说明理由。

【律师、法官点评】

本案实际系正当防卫之争，黄某开车撞死姜某的行为涉嫌故意伤害罪。

所谓正当防卫，是指为使国家、公共利益、本人或者他人的人身、财产和其他权利免受正在进行中的不法侵害，而采取的制止不法侵害的行为。对不法侵害人造成损害的，属于正当防卫，不负刑事责任。

正当防卫应该同时具备四个条件：一、正当防卫所针对的，必须是不法侵害；二、必须是在不法侵害正在进行时；三、正当防卫所针对的必须是不法侵害人；四、正当防卫不能超越一定限度。

根据《刑法》规定，正当防卫超过必要限度造成重大损害的，应当负刑事责任，但是应当减轻或者免除处罚。

对正在进行行凶、杀人、抢劫、强奸、绑架以及其他严重危及人身安全的暴力犯罪，采取防卫行为，造成不法侵害人伤亡的，不属于防卫过当，不负刑事责任。在不法侵害开始之前进行的事前防卫（事前加害）或者不法侵害结束之后进行的事后防卫（事后加害），属于防卫不适时，不仅不属于正当防卫，甚至有可能构成犯罪行为。

本案中姜某与同伙实施抢劫后逃离现场，针对黄某的不法侵害行为已经结束。此后黄某驾车寻找并追赶姜某及同伙，姜某一边逃跑一边持水果刀对坐在车内的黄某挥动，其行为是为阻止黄某继续追赶，并未形成紧迫性的不法侵害，故黄某不具备正当防卫的时间条件。此时黄某可以采取抓捕、扭送犯罪嫌疑人的自救行为，但所采取的方法必须与自救行为的性质、程度相适应。黄某采取驾车撞人的严重暴力伤害行为，显然超出了自救行为的范畴，属于防卫不适时中的事后加害行为，具有社会危害性，应承担刑事责任。

本案启示我们既要勇于同违法犯罪行为做斗争，依法行使法律赋予的正当防卫权；同时也要注意防卫的时间、条件，不能超过法律规定的限度造成防卫过当，甚至触犯刑法。

【法律依据】

《刑法》

第三十六条　由于犯罪行为而使被害人遭受经济损失的，对犯罪分子除依法给予刑事处罚外，并应根据情况判处赔偿经济损失。承担民事赔偿责任的犯罪分子，同时被判处罚金，其财产不足以全部支付的，或者被判处没收财产的,应当先承担对被害人的民事赔偿责任。

第六十七条　犯罪以后自动投案,如实供述自己的罪行的,是自首。对于自首的犯罪分子,可以从轻或者减轻处罚。其中,犯罪较轻的,可以免除处罚。被采取强制措施的犯罪嫌疑人、被告人和正在服刑的罪犯,如实供述司法机关还未掌握的本人其他罪行的,以自首论。

第二百三十四条　故意伤害他人身体的,处三年以下有期徒刑、拘役或者管制。犯前款罪,致人重伤的,处三年以上十年以下有期徒刑;致人死亡或者以特别残忍手段致人重伤造成严重残疾的,处十年以上有期徒刑、无期徒刑或者死刑。本法另有规定的,依照规定。

【法博士点睛】

过犹不及,正当防卫必须在合理的限度以内,不得滥用,否则将承担相应的法律责任;正当防卫要适时,防卫不适时,不仅不属于正当防卫,甚至有可能构成犯罪。

4.2 不一样的保护——刑事责任、公安调查、法院审理的特殊保护

【典型案例】

王某（14岁）、张某（14岁）和李某（14岁）是同班同学。李某是班上的纪律管理委员，经常因为纪律问题在班上批评王某和张某。王某和张某对此很是不满。一天，王某、张某纠集吴某（15岁）、秦某（16岁）拦住了放学回家的李某，把李某拉到偏僻的小巷进行拳打脚踢，秦某还用钢管将李某的肋骨打断了几根，随后逃跑。

秦某事后非常害怕，主动向公安机关投案，并如实供述了自己的犯罪事实。经鉴定李某为轻伤。人民检察院在审查起诉期间，发现案件当事人王某、张某和吴某案发时均未达到16岁，不具有完全刑事责任能力，故作出不起诉决定。而案件当事人秦某已经年满16周岁，涉嫌故意伤害罪，应该提起公诉。在检察院的努力下，秦某和其他三个未满16周岁的未成年人与被害方达成和解，由其家长共同赔偿被害方10万元。鉴于秦某系未成年人，且有自首情节，悔罪态度良好，检察院最后对秦某做出附条件不起诉决定，并会同公安机关、学校、家庭对其进行定期回访帮教。检察院同时对另3名未成年人进行了训诫教育，并督促其家长进行正确管护

教育。

【合作探究】

1. 案例中哪几个被告不负刑事责任？为什么？
2. 检察机关为什么对秦某做出附条件不起诉决定？

【律师、法官点评】

本案中秦某等4人的行为涉嫌故意伤害罪，但因刑事责任年龄问题，检察院做出不同的处理决定。

刑事责任年龄就是指法律所规定的行为人对自己实施的刑法所禁止的危害社会的行为负刑事责任所必须达到的年龄。我国刑法规定：已满16周岁的人犯罪，应当负刑事责任；已满14周岁不满16周岁的人，犯故意杀人、故意伤害致人重伤或者死亡、强奸、抢劫、贩卖毒品、放火、爆炸、投毒罪的，应当负刑事责任；已满14周岁不满18周岁的人犯罪，应当从轻或者减轻处罚；不满14周岁的人不管实施任何危害社会的行为，都不负刑事责任。

所谓年满16周岁，是指16周岁生日的第二天以后，才能认为是年满16周岁。年满16周岁，意味着具备完全刑事责任能力，因此，行为人应当对自己的一切犯罪行为负刑事责任。

对于未满16周岁的人即使实施了刑法规定的犯罪行为，在一般情况下也是不负刑事责任的。但是，有些犯罪行为如杀人、抢劫、强奸、爆炸等，社会危害性很大，后果很严重。因此，为了有效地维护社会治安，规范未成年人的行为，教育未成年人遵守法律，我国《刑法》规定，已满14周岁不满16周岁的人，有上述犯罪行为时，应当负刑事责任。

附条件不起诉，是指检察机关对应当负刑事责任的犯罪嫌疑人，认为可以不立即追究刑事责任时，给其设立一定的考察期，如其在考察期内积极履行相关社会义务，并完成与被害人及检察机关约定的义务，足以证实其悔罪表现的，检察机关将依法做出不起诉决定。在附条件不起诉的考验期内，人民检察院对被附条件不起诉的未成年犯罪嫌疑人进行监督考察；监护人应当对其加强管教，配合人民检察院做好监督考察工作。

本案中，秦某已经年满16周岁，用钢管将他人肋骨打断，属于故意伤害他人身体的行为，且造成他人轻伤，应当负刑事责任。鉴于其主动投案自首，积极认罪，并悔罪态度诚恳，积极赔偿被害方，根据《刑法》和《未成年人保护法》相关规定，对未满18周岁的违法犯罪的未成年人，应当依法从轻、减轻或者免除处罚，故对秦某做出附条件不起诉决定，并会同公安机关对其进行考察帮教。而王某等三人因其年龄未满16周岁，不负刑事责任，故对其做出不起诉决定，但责令家长进行正确管教，帮助其树立正确的人生观和价值观，增强其法律意识，自觉遵纪守法。

我国司法机关对违法犯罪的未成年人，实行教育、感化、挽救的方针，坚持教育为主、惩罚为辅的原则。司法机关要与学校、家庭和社会相互配合，加强青少年的三观引导，帮助其树立正确的世界观、人生观和价值观；并加强法制教育，增强其法律意识。我们青少年既要依法维护自己的合法权利，也要自觉履行自己的法律义务，不得滥用法律权利，预防违法犯罪。

【法律依据】

《刑法》

第十七条　【刑事责任年龄】已满十六周岁的人犯罪，应当负刑事责任。

已满十四周岁不满十六周岁的人，犯故意杀人、故意伤害致人重伤或者死亡、强奸、抢劫、贩卖毒品、放火、爆炸、投毒罪的，应当负刑事责任。

已满十四周岁不满十八周岁的人犯罪，应当从轻或者减轻处罚。

因不满十六周岁不予刑事处罚的，责令他的家长或者监护人加以管教；在必要的时候，也可以由政府收容教养。

《未成年人保护法》

第五十条　公安机关、人民检察院、人民法院以及司法行政部门，应当依法履行职责，在司法活动中保护未成年人的合法权益。

第五十一条　未成年人的合法权益受到侵害，依法向人民法院提起诉讼的，人民法院应当依法及时审理，并适应未成年人生理、心理特点和健康成长的需要，保障未成年人的合法权益。在司法活动中对需要法律援助或者司法救助的未成年人，法律援助机构或者人民法院应当给予帮助，依法为其提供法律援助或者司法救助。

第五十四条　对违法犯罪的未成年人，实行教育、感化、挽救的方针，坚持教育为主、惩罚为辅的原则。

对违法犯罪的未成年人，应当依法从轻、减轻或者免除处罚。

第五十五条　公安机关、人民检察院、人民法院办理未成年人犯罪案件和涉及未成年人权益保护案件，应当照顾未成年人身心发展特点，尊重他们的人格尊严，保障他们的合法权益，并根据需要设立专门机构或者指定专人办理。

【法博士点睛】

关心保护未成年人健康成长是全社会共同的责任。

4.3 高墙内的成长——少年收容教养

【典型案例】

弑父少女重返校园

小小（化名），年仅12岁，经常被父亲殴打，心生不满，在看到电视里有人把农药混在饭菜里将人毒死的情节后，竟产生了下毒毒死父亲的想法。一天，小小在一所废弃的房子里找到两瓶浅红色的农药，藏在了自己的床底下。

因为逃课，小小又被父亲打了一顿。就是这顿打，激发了小小心底的杀机。第二天中午，小小提前吃过午饭，趁母亲（智障人士）不注意的时候，拿了两瓶农药，用汤匙各取一勺半混合放入午饭的菜中并进行搅拌。看到父母吃饭，小小跑到离家十几分钟远的一所废弃的房子里躲了起来。父母食用后感觉身体不适，被送往村医院治疗，母亲因病情严重被转送市中医院继续救治，父亲在村医院稍做治疗后感觉无大碍便自行回家，于次日早上被发现死于家中。经法医鉴定，其父亲系中毒死亡。

事发后第9天下午，正在上课的小小被警察带走。小小承认是自己下毒毒死父亲，还带警察到废弃的房子等现场，找到下毒后被丢弃的农药。

其后，小小被送到少年管教所收容教养。经过爱心帮教，两年后，解除收容教养的小小住进了二叔二婶的家，并换了个学校，重新入学。二叔和二婶教小小做家务，帮助她补习功课，还进行心理辅导，小小在二叔二婶耐心细致地教导下，慢慢地长大了，懂事了。

【合作探究】

在全国两会上，有全国人大代表认为："法律应当保护遵纪守法的好孩子，对那些施暴者也要有相应的制裁，有必要降低刑事责任年龄，追究少年施暴者的刑事责任。"

请以"是否应降低刑事责任年龄"为主题，开展辩论。

1. 你赞成正方还是反方的观点？说说你的想法。
2. 请你为这次辩论会拟定正方或反方的辩论题纲。
3. 通过这次辩论，你得到哪些启示？

【律师、法官点评】

本案中小小投毒致父亲死亡的行为实际涉及能否定性故意杀人罪，是否追究刑事责任的问题。

故意杀人罪，是指故意非法剥夺他人生命的行为。我国《刑法》第二百三十二条规定：故意杀人的，处死刑、无期徒刑或者十年以上有期徒刑；情节较轻的，处三年以上十年以下有期徒刑。生命权是公民人身权利中最基本、最重要的权利，故意杀人罪严重侵犯公民人身权利，是性质最恶劣的犯罪行为之一。因此，不管被害人是否实际被杀，不管杀人行为处于故意犯罪的预备、未遂、中止等哪个阶段，都构成犯罪，应当立案追究。

但按照刑法规定，不满14周岁的人即使实施了严重危害社会的行为，也不认为是犯罪，不追究刑事责任，不予刑事处罚。

根据《刑法》第十七条规定：因不满十六周岁不予刑事处罚的，责令他的家长或者监护人加以管教；在必要的时候，也可以由政府收容教养。

根据《未成年人保护法》第三十九条规定:"已满 14 周岁的未成年人犯罪,因不满 16 周岁不予刑事处罚的,责令其家长或者其他监护人加以管教;必要时,也可以由政府收容教养。

收容教养,是法律规定对实施了犯罪行为,但因不满 16 周岁不予刑事处罚的人,由政府予以收容,进行教育、感化、挽救和保护的措施,也是采取的强制性教育改造措施,是一种行政处罚措施。收容教养由当地行政公署以上级别的公安机关审批,由少年管教所执行。收容教养期限一般为 1-3 年。

本案中的小小因不满 14 周岁,故虽然投毒杀害了自己的父亲,但不认为是犯罪,不予追究刑事责任,而是由当地少年管教所执行收容教养。

对于已经涉嫌犯罪但因年龄原因不负刑事责任的未成年人,司法机关不能一放了之,要与家庭、学校、社会等配合,加强管教,预防其再次违法犯罪。此外,还需要全方位加强对未成年人的法制教育和心理健康教育,帮助其健康成长。

【法律依据】

《未成年人保护法》

第三十九条 已满 14 周岁的未成年人犯罪,因不满 16 周岁不予刑事处罚的,责令其家长或者其他监护人加以管教;必要时,也可以由政府收容教养。

《刑法》

第十七条【刑事责任年龄】已满十六周岁的人犯罪,应当负刑事责任。

已满十四周岁不满十六周岁的人,犯故意杀人、故意伤害致人重伤或者死亡、强奸、抢劫、贩卖毒品、放火、爆炸、投毒罪的,应当负刑事责任。

已满十四周岁不满十八周岁的人犯罪,应当从轻或者减轻处罚。

因不满十六周岁不予刑事处罚的,责令他的家长或者监护人加以管教；在必要的时候，也可以由政府收容教养。

【法博士点睛】

每个人都会犯错，但是，只有愚人才会执过不改。

——西塞罗

特别的爱，给特别的你；特别的保护，只为你的健康成长。

综合探究　　　　未成年人的司法保护

单元活动设计四：同撑一把伞　共享一片天

【探究活动目标】

了解司法保护的含义和主要举措；

在自身权利受到侵犯时，学会寻求法律的保护；

学会尊重他人合法权利。

【探究活动建议】

查阅相关法律法规，初步了解司法保护的内涵、意义；

采访法律界专业人员，了解我国未成年人司法保护的实施现状；

搜集司法保护的具体案例；

撰写研究报告，进行小组汇报。

【探究路径参考】

※　学一学

未成年人是祖国的未来，民族的希望，为促进青少年健康成长，预防未成年人犯罪，我国《未成年人保护法》《预防未成年人犯罪法》《刑法》《刑事诉讼法》等法律为保护未成年人做了许多专门的规定和特殊的保护。

1. 查阅《未成年人保护法》《预防未成年人犯罪法》《刑法》《刑事诉讼法》等法律，了解我国关于未成年人的司法保护的适用情况和具体措施有哪些。

2. 以班级为单位，分工合作，联系法院、检察院或看守所等相关部门，进行一次"与你同行——未成年人司法保护"的法制报告会。

※ 议一议

在我国的许多法律条文和司法实践中，有一些专门保护未成年人的特殊规定和做法，如同样的案情，若是未成年人违法犯罪，则从轻、减轻处罚，甚至免除处罚。但是随着近年来未成年人刑事案件增多，其中不乏手段残忍、后果严重的案件。据此，有人提出对未成年人进行司法保护弊大于利，容易导致某些未成年人认为犯罪成本低，从而更加漠视法律，诱发更多违法犯罪，最终得不偿失。

议一议：司法保护是助长了未成年人的违法犯罪还是保护了未成年人的合法权益？司法保护到底是利大于弊还是弊大于利？

※ 做一做

人最宝贵的是生命，青春是生命中最华彩的篇章，我们应该珍惜青春，远离犯罪。然而青少年犯罪却屡屡发生，一些误入歧途的青少年自毁了青春年华。青少年的健康成长，离不开家庭、学校和社会的呵护，更离不开青少年的自立自强。

请你和同学一起以"珍惜青春，远离犯罪"为话题，策划一次校园主题活动。

【探究之总结】

司法保护

司法保护是指人民检察院、法院、公安机关和司法行政部门等国家机关通过依法履行职责，对未成年人所实施的一种专门保护活动。司法保护可分为一般司法保护和特殊司法保护。

一般司法保护适用于所有的未成年人，人民法院在审理过程中依法保护涉案未成年人的合法权益，是对未成年人合法权益的重要保障。

特殊司法保护专门适用于司法机关办理的违法犯罪案件中的未成年人。特殊司法保护实行教育、感化、挽救的方针，坚持以教育为主、惩罚为辅的原则，保护未成年人的合法权益，促进其健康成长。

针对当前侵害未成年人合法权益案件不断发生的紧迫现实，以及未成年人犯罪案件的特点，为更好地加强对未成年人的司法保护，最高检察院制定印发了《检察机关加强未成年人司法保护八项措施》，要求严厉惩处各类侵害未成年人的犯罪；努力保护救助未成年被害人；最大限度教育挽救涉罪未成年人，积极参与犯罪预防和普法宣传工作……

司法保护和家庭保护、学校保护、社会保护相互配合，为未成年人的健康成长撑起一把特殊的保护伞，以保护未成年人的合法权益，促使其健康成长。

后 记

为贯彻落实党的十八届四中全会"把法治教育纳入国民教育体系,从青少年抓起,在中小学设立法治知识课程"的精神,根据教育部《中小学法治教育指导纲要》的要求,我校编著了青少年法制教育校本教材——《法律与生活》(初中版)和《法律与生活》(高中版)。这套教材既是中学生学习法律知识和参与法律实践的教科书,也是青少年读者普法学习和解决生活中常见法律问题的工具书。

在编写过程中,近年来引起社会广泛关注的大量司法典型案例和法律新闻报道,为我们开发该套教材提供了宝贵的素材;而律师、法官和专家学者对有关案例的分析和解读,给了编者深刻启发和巨大帮助。在此,我们表示衷心的感谢!

在申报重庆市精品校本选修课程和编写该套校本教材的过程中,重庆市教育科学院、重庆市江北区教委、重庆市江北区教师进修学院、重庆市第十八中学等单位和有关人士给予了热情的帮助和专业的指导。万礼修、马培高、李大圣、范会民、刘双文、张帆、袁永忠、林波、陈平、冉建平、廖家勇、淳海波、舒伟、王洪伟等领导和专家对本套教材的编写提出了宝贵的建议。

重庆市第十八中学政治教研组教师既是编写本套教材的主体力

<<< 后 记

量,也是我校法治教育和法制课程建设的主要践行者,全组教师为该套教材的出版和法治精品课程建设付出了大量心血。

  由于编写时间较短,疏漏之处在所难免,希望广大读者提出宝贵意见。

法治教育校本教材编委会
2017 年 5 月 8 日